U0683003

DX
数字化转型

国际数字化转型与创新管理最佳实践丛书

区块链精要

全球数字化时代的区块链多重博弈

[美] 提安娜·劳伦斯（Tiana Laurence） 著

鄢 倩 刘尚奇 王智慧 徐栋栋 译

清華大学出版社

北 京

北京市版权局著作权合同登记号　图字：01-2020-5560

Introduction to blockchain technology:The many faces of blockchain technology in the 21st century
Copyright © Van Haren Publishing, 2019
Author: Tiana Laurence
ISBN: 978 94 018 0499 8

本书中文简体字版由 Van Haren Publishing 授权清华大学出版社。未经出版者书面许可，不得以任何方式复制或抄袭本书内容。

图书在版编目(CIP) 数据

区块链精要：全球数字化时代的区块链多重博弈 /（美）提安娜·劳伦斯 (Tiana Laurence) 著；鄢倩等译 . — 北京：清华大学出版社，2021.4（2023.7重印）
（国际数字化转型与创新管理最佳实践丛书）
书名原文：Introduction to blockchain technology：The many faces of blockchain technology in the 21st century
ISBN 978-7-302-57841-3

Ⅰ . ①区… Ⅱ . ①提… ②鄢… Ⅲ . ①区块链技术 Ⅳ . ① F713.361.3

中国版本图书馆 CIP 数据核字 (2021) 第 063906 号

责任编辑：郭熙凤　　张立红
装帧设计：梁　洁
责任校对：李玢穗
责任印制：丛怀宇

出版发行：清华大学出版社
　　网　　　址：http://www.tup.com.cn，http://www.wqbook.com
　　地　　　址：北京清华大学学研大厦 A 座　　　　邮　　编：100084
　　社 总 机：010-83470000　　　　　　　　　　　邮　　购：010-62786544
　　投稿与读者服务：010-62776969，c-service@tup.tsinghua.edu.cn
　　质 量 反 馈：010-62772015，zhiliang@tup.tsinghua.edu.cn
印 装 者：大厂回族自治县彩虹印刷有限公司
经　　销：全国新华书店
开　　本：170mm×240mm　　　　印　　张：15.25　　字　　数：216 千字
版　　次：2021 年 6 月第 1 版　　　印　　次：2023 年 7 月第 2 次印刷
定　　价：78.00 元

产品编号：088926-01

鄢倩，ThoughtWorks 中国区块链事业部技术负责人，EXIN 认证区块链讲师。作为技术顾问，为多家通信、金融、汽车企业提供区块链业务解决方案的规划和实施服务，专注于区块链业务发展和区块链团队人才梯队建设。

刘尚奇，ThoughtWorks 中国区块链事业部业务负责人，ThoughtWorks 技术顾问委员会成员，EXIN 认证区块链讲师。主要关注区块链、分布式计算、微服务架构、领域建模、遗留系统重构等技术方向，致力于去中心化。

王智慧，ThoughtWorks 中国区块链事业部解决方案资深顾问，EXIN 认证区块链讲师，微软 MCSE(Microsoft Certified Solutions Expert)解决方案专家认证。擅长业务规划、行业分析、开放式创新，对区块链行业的商业模式及行业赋能有丰富的项目经验。

徐栋栋，ThoughtWorks 中国区块链事业部高级咨询师，EXIN 认证区块链讲师。曾就职于互联网上市公司、创业公司等，具有多年互联网软件开发经验。专注于区块链技术、软件架构、敏捷实践、持续交付等领域。《软件架构基础》（*Fundamentals of Software Architecture* ）译者之一。

刘冀伟，ThoughtWorks 中国区块链事业部解决方案架构师。拥有多年司法领域创新经验，先后为国内外金融、医疗、物流等领域客户提供数字化转型服务。专注于在商业信任重塑的背景下融合区块链等革新技术应对挑战。

赵正阳，ThoughtWorks 中国区块链事业部高级咨询师，为多家通信、金融企业提供基于敏捷精益技术实践的管理，活跃于开源社区，精研区块链前端开发。

朱雪晴，ThoughtWorks 中国区块链事业部业务分析师，德国哈勒大学经济学硕士，曾为多个行业客户提供软件交付咨询服务，目前致力于向企业提供基于区块链及其相关技术的解决方案。

易维利，ThoughtWorks 中国区块链事业部全栈和基础设施工程师，拥有多年基础设施运维和云服务平台开发经验，主要关注基于区块链基础设施的应用开发和工程实践。

陈志成，ThoughtWorks 中国区块链事业部咨询师，本科毕业于山东大学，硕士毕业于北京邮电大学。拥有政务、汽车等领域的交付经验，致力于推动区块链、密码学等技术的咨询和交付。

区块链问世已逾十二年，为举国所关注也有数年时间，而学习入门始终是一个难题。近年来我在各地教授区块链和数字资产高级课程，深感多数学习者基础不牢，或概念不清晰，或原理不确凿，涉及重要观念，往往人云亦云，难以形成独立的看法，行业中也常常弥散一种骄矜浮躁的学风，初学者往往不明就里，百思不解，遂追逐各种谵妄之说，实不利于中国区块链产业的健康发展。

本人幸甚，当年我从普林斯顿大学著名的数字货币的线上课程入门，没走弯路。之后躬身入局，力聚一点，于数字资产及通证经济方向未敢旬日靡靡，方能勉强不至于落后。回顾过去几年的经历，我深深体会到，区块链的实学，虽十之八九来自实践，但那一二分的入门知识，却犹如地基，极为重要，必须拜一二剀切明辨之师，结三五笃学实行之友，读十本以上专著，阅百篇以上好文，方能打好基础，复于实践中勇猛精进，将经验与理论参差互见，才能有所成。而在其中，一本优秀的入门书，确实是不可或缺，也不可多得。

区块链入门书，贵在"正"与"厚"二字。所谓"正"，就是立心要正，释理要正。区块链中有不少概念和道理，认真解释起来是很烦琐困难的，因此很多作者往往投机取巧，引入一些似是而非的类比甚至段子，读来轻松愉快，以为密道捷径，其实差之毫厘而谬以千里。佳作必须正心诚意，不避繁难，不尚滑巧，踏踏实实把道理讲对、讲清楚。所谓"厚"，并非指篇幅大，而是把必要的学问基础打扎实。区块链所涉及的知识领域相当广泛，从密码学到数据管理，从分布式系统到经济学、金融学、组织理论、社会治理，都需要有所了解，如此面对不断快速演进的行业，才能有所体悟，甚至有所创见。

前述普林斯顿的课程，在六七年前当得起这两个字。但区块链产业发展一日千里，这几年下来，已经迭代两轮，近一两年将再有一次重大跃升，其内涵之深，外延之广，旁涉之杂，早已经超出那套课程的涵盖。未来初学者入门，挑战更大。我本人参与了一些区块链入门教材的编写，深知其中艰难，难称满意，更为今天区块链的入门学生深感困涩。

近日览提安娜·劳伦斯（Tiana Laurence）女士著，鄢倩、刘尚奇等专家翻译的《区块链精要：全球数字化时代的区块链多重博弈》一书，其内容涉及区块链理论及应用多个方面，从基础技术到商业应用的前沿，从去中心化自治组织、去中心化身份到金融变革，涉猎之广实为罕见。此书篇幅不大，论及如此多的内容，很容易流于浮光掠影，甚至浮皮潦草。但难能可贵的是，具体到每一个内容，本书都能做到言之有物，立论鲜明。在不大的篇幅里将核心知识点阐述清楚，特别是对于一些其他著作常常回避的复杂概念，常常能够以简明清晰的语言直截了当地给出观点，例如对于"通证"与"数字货币"的区别，对于若干常见共识算法的阐述，篇幅短小而内容精当，非极明白之人难以企及。其中功夫，凡是写过区块链文章的人，一看便知。

此书作译俱佳，是一本难得的区块链入门教材，虽不能说十全十美，但称得上"正"与"厚"兼备，不但于初学者是难得的正轨，即便是自以为对区块链颇有见地之人，读此书也能大有裨益。

得知该书被国际信息科学考试学会（EXIN）指定为 Blockchain Foundation 区块链基础认证教材，我乐于向初学者及同行推荐此佳作。

孟岩
2021 年 4 月于中关村

孟岩：区块链通证派代表人物，最早将 token 翻译为通证的区块链大咖。

DeFi 协议 Solv 的创始人、优证链通联合创始人，同时任数字资产研究院学术与技术副院长、中国通信工业协会区块链专委会副主任委员、火链中国顾问、中国云体系联盟咨询专家。

得到这份邀请，我受宠若惊。

老实讲，我就是一个典型的技术白痴。以前在银行工作，电脑有了任何问题，第一时间只会喊 "Help Desk"，而技术小伙伴们的操作，总让人眼花缭乱，头昏脑涨。甚至好几次，电脑出现的问题在技术工程师到来的瞬间完全消失了。所以在心底，对于神奇的技术世界，我总怀有一丝敬畏。

当接到来自 ThoughtWorks 团队的邀请——为本书写序时，毫不夸张地说，这是我人生中最为兴奋的时刻，无比荣耀，但又惴惴不安。

我在区块链公司担任 CEO 超过三年，从最初的"比特币"这个名词开始，逐步了解区块链技术世界的林林总总，感触很深，奈何文笔有限，只能尽全力把内心的感受直白地表达出来。对于区块链行业的技术从业者而言，解释区块链底层技术可以说是信手拈来；而对于不懂技术、好奇而又摸不到门道的人来说，我希望通过我的经历，让他们有尝试的勇气与兴趣！

什么是区块链？这技术能做什么？为什么国家把一项技术上升到战略高度？什么是比特币？怎样做才是挖矿？……作为从业人员，我们无数次被问到这些问题。这说明大家普遍对区块链感兴趣，却缺乏勇气或者时间去深入了解。从这个角度出发，我们需要做什么？很明显，需要一个工具，一个方便大家入门的工具，简单直接，清晰易懂，深入浅出，同时可盐可甜。为什么是可盐可甜？甜就是更普及，要比市面上大家接触到的解释更通俗且精准；盐则是更专业，如若真有兴趣深度钻研，则可以找到清晰的学习路径，通往神秘的技术殿堂。综合以上需求，我隆重推荐本书《区块链精要：全球数字化时代的区块链多重博弈》。它摒弃一切繁文缛节、丢掉晦涩辞藻，让普通大众可以明白区块链的最核心内容，解开疑惑，掩卷后头脑一片清明。

三年的时光，我和多名技术大咖接触交流，从不明白到有所了解，再到由衷敬佩。转变非一日之功，点滴累积汇成江海，直至认知天翻地覆。真正醉心于技术的这一群人啊，在普通人看来很"怪异难懂"的天才们，简直是天地间最可爱的一群人。

生而为人，出生至泯灭，保持初心，知易行难。在技术的世界里，亦如是。无数人心怀理想，却因为种种原因，沦为代码的奴仆，日复一日地维系着单调的工作。与此同时，总有那么一群人，从未忘却最初的坚持。他们一边如我们一样为生活奋斗，一边为技术的精进迭代夜以继日地努力付出。ThoughtWorks 是全球顶级的 IT 咨询公司，他们的区块链团队工作任务繁重且压力巨大。顶着所有压力，全团队成员放弃私人休息时间，兢兢业业地完成了《区块链精要：全球数字化时代的区块链多重博弈》的翻译。译文不仅忠实于原文，同时也把一些内容结合已落地的实际案例与后续进展（很多区块链技术团队是极度缺乏落地场景的，方案仅仅停留在 PPT 层面，而这恰恰是 ThoughtWorks 团队的优势所在）做了更为贴切的诠释，这让内容变得生动有趣。"用火星人的语言与火星人沟通"，同理心使然，而不是坚持自身的强势与优势，是难能可贵的品质。

正是这样一群具有高贵品质的技术大咖，在他们的脑子里，不仅仅充斥着抽象的技术原理、算法特性，也承载着与真实世界相结合的应用场景，用场景落地的技术迭代，反过来促进技术的腾飞发展。这样的良性循环，不是为了短期利益，也绝不仅仅是为了技术而技术，而是纯粹的兴趣，是始终不变的追求。这种热爱，才能让他们在一条铺满荆棘的、蜿蜒曲折的路上，孜孜不倦地追逐着高远的真理之光，永不放弃！

相信整个专业团队翻译本书，不是为了说教，亦不为高光，而是为了引导更多的普通人关注区块链这项核心的基础技术，关注未来的大趋势：技术的作用会越来越强，引领人类社会向前发展的前瞻性会越来越清晰。

已经实现的技术只是冰山一角，更多的神秘将陆续浮出水面。每一个冰层，都有可能带来无比美妙的、不可预见的全新认知。这样的喜悦触及灵魂，必须亲身体验，不可言传。但首先，需要对技术本身有入门了解，保持好奇心并持续关注。

再次感谢译者，替我们开启一扇窗。窗外春风拂面，充满希望的世界在等着我们每一个人，每一个愿意尝试翻开本书第一页读下去的人。希望更多的朋友加入进来，哪怕不在业内，哪怕和日常工作并无直接关联，让我们一起，为迎接生命中可能发生的美好和巨变去努力！

链平方科技 CEO 周淼
2021 年 4 月 2 日于望京

信息时代的下一波浪潮

2008 年，中本聪的论文《比特币：一种点对点的电子现金系统》横空出世。自此，一幅新时代的画卷正悄然展开，全球范围内不断掀起区块链创新的热潮。数字身份、智慧城市、金融创新等变革不断地冲击着我们的认知。

在中国，区块链技术已上升为国家战略，国家领导人多次点名，大力推动区块链技术和产业的创新发展。区块链技术是一种底层技术，可运用于数字金融、物联网、智能制造、供应链管理、数字资产交易等多个领域。数字货币、通证、分布式账本、去中心化和不可篡改等名词不断走进大众视野，潜移默化地改变着我们的生活。

那么，为什么区块链技术如此重要？

本书是回答这个问题的一个不错的抓手，全书不厚，共 10 章，深入浅出地介绍了区块链技术，包括区块链的基础知识、区块链的应用和创新以及区块链面临的挑战等三个方面的内容。在基础知识中详细讲解了区块链的技术要点、密码学基础、账本、共识算法、智能合约等概念；在区块链的应用和创新中介绍了通证化、自主身份（SSI）、价值转移和去中心化应用、区块链与 IoT 和 AI 的关系以及各国政府对于区块链的态度等内容；在区块链的挑战中讲解了区块链的常见骗局和规避手段等。

这本书不仅适合区块链从业人员，也非常适合普通读者。讲解知识点时采用生动易懂的图文是本书的亮点之一。另外，本书还精心准备了课后测试题和答案，用于自测和检验学习成果，也是一大亮点。

我们相信在这个知识爆炸的时代，学习这种底层技术是有益的。我们期望在一个商业更可信、生活更高效的数字未来，中国的区块链行业能够有你的参与。

ThoughtWorks 区块链团队

2021 年春

英文序言

亲爱的读者：

你一定听说过"比特币""区块链""加密货币"之类的热门词汇，它们已经无处不在。政府和企业已经开始认真研究区块链技术，并在可预见的未来越来越多地使用区块链技术。现在，是时候深入研究区块链技术，并挖掘它的潜力了。

如果你不是程序员，但是又希望加深自己对区块链技术的了解，那么这本书非常适合你。这本书谈论软件，但并非专门为技术专家们所写。它假定读者对主题知识所知不多，所以会尽可能简单地阐释，同时不会影响你对于细节的理解。这本书将带你深入了解区块链的关键知识，并掌握它们的基本工作原理。

读完本书，你将能够自信地谈论区块链的话题，知晓技术的关键差异，以及它为何与你本人、你的公司以及你所处的行业息息相关。对于区块链固有的局限性和缺点，你也能有所了解。

区块链的普及给该领域带来了炼金术般的魔力。只要带上"通证化"和"区块链"两个词，就能化腐朽为神奇。本书将揭开区块链的神秘面纱，并摒弃炒作成分，帮助你理解其中发生的变化，识别知识的真伪。

在本书中，每章最后都编排了练习题，这样可以帮助你更好地理解每一章的核心内容。

希望你会喜欢这本书。

祝好！

提安娜·劳伦斯（Tiana Laurence）

目 录

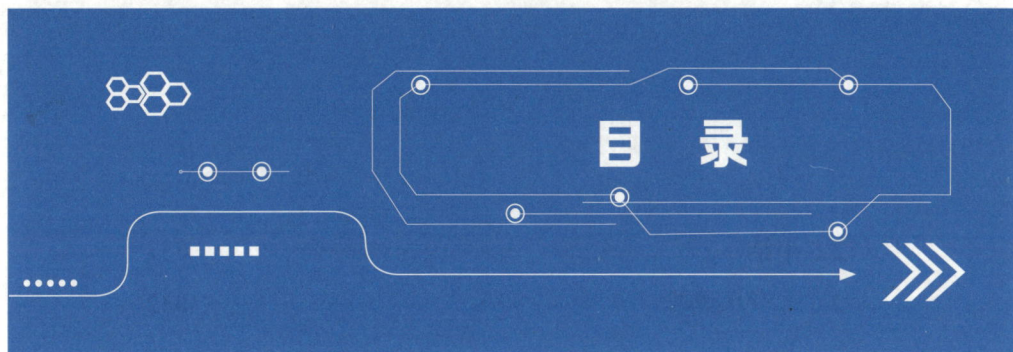

第 1 章　区块链技术简介 ·················· **001**

　1.1　区块链基本概念 ·················· **002**

　　什么是区块链? ·················· 002

　　什么是节点? ·················· 005

　　什么是加密货币? ·················· 011

　　什么是通证? ·················· 012

　　分布式意味着什么? ·················· 013

　1.2　小结 ·················· **015**

　1.3　本章小测验 ·················· **016**

第 2 章　区块链技术的关键部分 ·················· **019**

　2.1　密码学 ·················· **020**

　　古典密码学 ·················· 020

　　现代密码学 ·················· 021

　　公钥和私钥 ·················· 021

　2.2　什么是哈希? ·················· **022**

　　从区块到哈希 ·················· 023

　2.3　账本 ·················· **024**

　　交易与贸易 ·················· 025

　2.4　公开见证 ·················· **026**

　　计算机见证 ·················· 027

2.5 小结 ……………………………………………… 031

2.6 本章小测验 ……………………………………… 032

第 3 章　网络架构：共识算法 …………………… **035**

3.1 工作量证明 ……………………………………… 036

3.2 权益证明 ………………………………………… 037

3.3 委托权益证明 …………………………………… 039

3.4 权威证明 ………………………………………… 040

3.5 消逝时间证明 …………………………………… 041

3.6 容量证明和空间证明 …………………………… 042

3.7 烧毁证明 ………………………………………… 043

3.8 Hyperledger Fabric …………………………… 044

3.9 小结 ……………………………………………… 045

3.10 本章小测验 …………………………………… 045

第 4 章　关键区块链网络和技术 ………………… **050**

4.1 区块链网络的发展历程 ………………………… 052

4.2 区块链网络的主要挑战 ………………………… 053

4.3 深入比特币 ……………………………………… 054

　　比特币全球推广面临的最大挑战 ……………… 055

　　主要的比特币贡献者 …………………………… 057

4.4 超级账本 ………………………………………… 058

4.5 EOS 的委托权益证明（DPoS） ……………… 060

4.6 Ripple …………………………………………… 063

4.7 挖掘 Ethereum 的内涵 ………………………… 067

4.8 Waves——一个俄罗斯区块链平台 ············· **070**

4.9 小结 ············· **073**

4.10 本章小测验 ············· **074**

第 5 章　区块链技术的第二代应用 ············· **077**

5.1 智能合约 ············· **078**

智能合约：起源及其运作方式 ············· 079

创建和部署智能合约 ············· 080

5.2 通证 ············· **081**

通证标准 ············· 082

第二代通证 ············· 083

5.3 去中心化应用（DApp） ············· **084**

如何构建 DApp？ ············· 084

5.4 去中心化自治组织（DAO） ············· **085**

DAO 如何工作 ············· 088

DAO 的关键要点 ············· 088

DAO 的合法性 ············· 089

5.5 小结 ············· **089**

5.6 本章小测验 ············· **089**

第 6 章　区块链的扩展应用 ············· **092**

6.1 去中心化身份 ············· **093**

在线身份——蜜罐 ············· 093

自我主权身份 ············· 094

什么是身份？ ············· 095

身份证明文件的历史 ·················· 096

身份挑战 ························· 097

6.2 区块链保护的身份 ·················· **098**

Blockstack ····················· 099

Microsoft ······················ 099

IBM 的可信身份解决方案 ··············· 100

Civic ························· 100

6.3 区块链与物联网 ··················· **101**

Toyota ······················· 102

IBM ························· 103

6.4 人工智能与区块链 ················· **103**

人工智能的历史 ··················· 104

利用区块链技术赋能 AI 的公司 ············ 105

6.5 去中心化市场和交易 ················ **106**

去中心化市场的挑战 ················· 107

缺乏法律框架 ···················· 108

新技术发展 ····················· 108

失去客户联系 ···················· 108

热门的去中心化市场和交易所 ············· 109

6.6 小结 ······················· **110**

6.7 本章小测验 ···················· **110**

第 7 章 区块链与世界经济 ············· **113**

7.1 供应链行业 ···················· **114**

过去的供应链 ···················· 114

未来的供应链 ·· 115

使用区块链技术的供应链 ····························· 116

7.2 跨境汇款 ··· **118**

跨境汇款的历史 ······································· 118

跨境支付创新 ·· 119

未来的跨境支付 ······································· 119

跨境汇款的三大挑战 ································· 120

7.3 金融变革代理 ·· **121**

Ripple ·· 122

R3 ··· 122

COTI ··· 122

Everex ··· 123

SendFriend ··· 123

7.4 小结 ··· **123**

7.5 本章小测验 ··· **124**

第 8 章 区块链与商业应用的前沿领域 ············· **127**

8.1 数字法币 ··· **128**

数字法币的发展历程 ································· 128

数字法币行业的主要挑战 ·························· 129

对有形货币的长期影响 ····························· 130

8.2 银行与货币市场的破局者 ···························· **130**

eCurrency ·· 130

Blockstream-Liquid ································· 131

Ripio ··· 131

Woorton ································ 131

BABB ································ 132

8.3 区块链与保险 ································ **132**

保险业的发展历程 ································ 133

如今的保险 ································ 133

未来的保险 ································ 133

保险业面临的主要挑战 ································ 134

保险业的区块链创新企业 ································ 134

8.4 知识产权与保护 ································ **135**

知识产权史 ································ 136

如今的知识产权 ································ 137

未来的知识产权 ································ 137

知识产权行业的主要挑战 ································ 137

数字双花 ································ 137

权利保护的延展 ································ 137

未来的数字 IP ································ 138

8.5 小结 ································ **140**

8.6 本章小测验 ································ **140**

第 9 章 区块链和人类社会 ································ **143**

9.1 精益政府 ································ **144**

9.2 爱沙尼亚的电子居留权 ································ **145**

9.3 在中国更好的认证和公证 ································ **146**

9.4 互联网的信任层 ································ **146**

9.5 无垃圾邮件 ································ **146**

9.6 物联网的区块链预言机（Oracle） ……… **147**

9.7 知识产权和受信主体 ……………………… **148**

9.8 知识产权 ………………………………… **149**

9.9 政府 ……………………………………… **150**

中国的智慧城市——杭州 ……………… 150

美国国土安全部 ………………………… 151

新加坡的智能国家项目 ………………… 151

印度的新加坡卫星城市 ………………… 152

中国的国家战略 ………………………… 152

9.10 世界金融之都 …………………………… **153**

伦敦 ……………………………………… 153

全英国令人兴奋的项目 ………………… 153

9.11 迪拜的 2020 年目标 …………………… **154**

9.12 纽约市比特执照 ………………………… **155**

9.13 欧盟的区块链之岛——马耳他 ………… **156**

9.14 德国区块链 ……………………………… **156**

9.15 法国区块链 ……………………………… **157**

9.16 小结 ……………………………………… **157**

9.17 本章小测验 ……………………………… **157**

第 10 章　区块链的抑制剂 ………………… **159**

10.1 区块链的漏洞 …………………………… **160**

智能合约的漏洞 ………………………… 160

中心化公有网络 ………………………… 161

中心化私有网络 ·············· 162

10.2 社区的分裂和仇恨 ·············· **162**

10.3 欺诈和诈骗 ·············· **163**

预付费骗局 ·············· 164

身份盗用和信用卡欺诈 ·············· 164

互联网和设备入侵 ·············· 165

市场操纵 ·············· 165

金字塔和庞氏骗局 ·············· 166

10.4 小结 ·············· **167**

10.5 本章小测验 ·············· **168**

参考答案 ·············· **171**

索　引 ·············· **173**

附录 EXIN Blockchain 基础级认证考试大纲和样题及答案解析 ·············· **185**

第 1 章
区块链技术简介

区块链已经成为一个无所不在的术语，它代表着变革和新技术。区块链技术最初应用于加密数字货币比特币的记账管理系统，现在它已经作为记录储存手段广泛应用于各个领域。

在许多人心目中，区块链具有更深远的意义。人们通常把区块链应用和去中心化联系起来。中心化系统无处不在，在中心化系统中，人们需要信任交易对手，而且自己是没有资源独立完成交易的。

有一个很简单的方法来判断一个产业或场景中是否可以应用区块链技术，即这个领域是不是需要一个中间方来促进信任。信任对于转账、投票、土地记录、知识产权保护以及身份认证等至关重要。将区块链软件开发为受信任的记录系统，可以取代中间方。

在本章中，你将学习关于区块链软件的基础知识，其中包括贯穿大多数区块链、经济模型和网络结构的重要概念。本章将帮助你理解区块链技术的工作原理，为后续学习和应用奠定坚实的基础。

1.1　区块链基本概念

自中本聪（Satoshi Nakamoto）于 2008 年在比特币白皮书中发表最初构想以来，区块链技术经历了很长的发展期。"比特币""区块链""加密货币"之类的热门词汇如今无处不在。政府和企业已经开始认真研究区块链技术，并在可预见的未来越来越多地使用区块链技术。

自概念提出以来，区块链就代表着一种社会变革、一种新技术。区块链技术最初应用于加密数字货币比特币的记账管理系统，现在它已经作为记录储存手段广泛应用于各个领域。

人们日常重要的交易活动，例如转账、付款、投票、土地记录、知识产权保护以及身份认证等，都需要依赖中介。区块链应用已经开始逐渐取代这些传统中介。区块链软件成为受信任的记录储存系统，软件中定义的规则则扮演了中介的角色。

值得注意的是，区块链不仅可以用于记录两方之间的价值转移，还有其他用途。例如：加密身份、历史溯源以及网络透明性，它们的主要优点是可以在需要双方相互信任的行业里很好地完成工作。

将区块链技术局限于金融领域是很狭隘的。区块链作为一种技术工具，在掌握它的潜在应用场景之前，应当先了解该技术的工作原理。在之后的章节中，你将学习具有革命性意义的区块链技术的关键概念。

什么是区块链？

在比特币白皮书中，区块链技术结构被描述为点对点分布式时间戳服务器。作者中本聪（可能是一个虚构的名字）想要创建一个不需要银行网络就可以运转的点对点电子现金系统。中本聪将"区块"和"链"描述为一种管理和保护记录的方式。这样，一旦输入数据到共享数据库，就可以在算法上保证它们的真实性，同时保证该数据不会被篡改。

中本聪所描述的区块是指一段时间内发生的一组交易。就比特币而言，交易代表将某种加密货币（即比特币）从一个账户转移到另一个账户。

例如，萨莉向你发送了一些比特币，你收到了，你们两个人之间比特币的转移就被记录为一笔"交易"。鲍勃、乔、马克和塔米同时互相发送比特币，所有这些交易都会被打包成一个区块，并被记录在比特币区块链中，见图1。

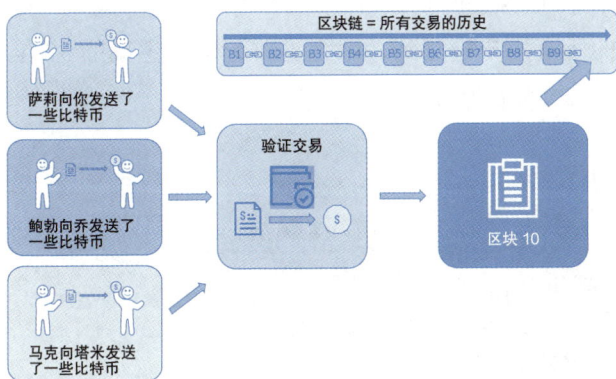

图 1 什么是区块链？

区块链用一种特殊的方式来记录比特币在不同用户之间的交易，这些交易都带有时间戳，并由比特币的发送者签名。因此，在上面的示例中，萨莉对这笔转移给你的比特币交易进行了签名，这个签名不用墨水和纸张，而是用私钥进行电子签名或加密签名。这意味着，区块链软件可以确保除了萨莉以外的其他人都无权转让该笔比特币。

当萨莉与你之间的交易和其他比特币交易一起被记录在区块中之后，该区块便会被密封并链接到其他交易区块。不同的区块通过哈希值按时间戳顺序链接起来，不同的哈希值则是通过密码学的哈希函数创建的。

哈希函数在区块链中的运用是非常聪明且简单的。构成交易区块的所有交易数据都会被哈希函数处理，该数学过程的输出是由一串固定长度的数字和字母组成的字符。就比特币而言，这种字符串的固定长度是32位。如果输入不变，则哈希函数将始终输出相同的字符串。哈希函数是计算机科学中证明数据没有被篡改的一种简便方法。

当一个区块生成了一串哈希值，这个固定长度的字符串就会被记录在下一个新的交易区块中，记录这串哈希值的新交易区块，按时间顺序被链接到原来的交易区块上，这样交易数据区块被一个一个地按时间顺序链接起来。任何一个区块被删除，哪怕是其中的任意一笔交易记录从区块中被删除，都会破坏交易记录，并被链接到区块链上的所有用户检测到，因为篡改记录后生成的 32 位字符串已经找不到相应的匹配值了，见图 2。

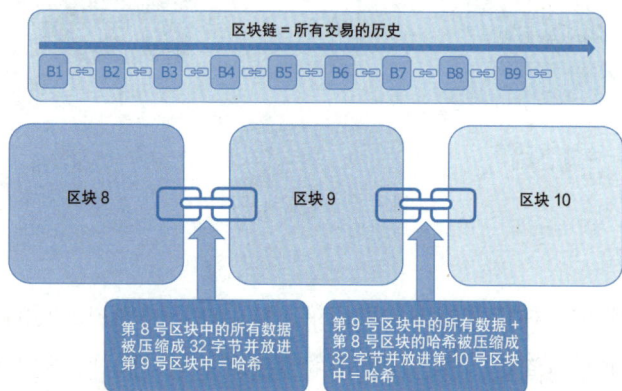

图 2 交易区块中的哈希函数

中本聪的目的是防止萨莉把已经转给你的比特币再转给别人，从而发生欺诈行为。区块链技术里所描述的"区块"和"链"是一种非常精妙的按时间顺序组织和记录交易数据的方式。它精准地记录着"谁在何时拥有了什么"。

比特币白皮书纳入了一项激励机制，奖励那些处理新的交易数据并维护历史交易数据的人。这种激励机制被称为挖矿，而给予矿工的奖励就是比特币，见图 3。

中本聪意识到，如果让任何个人或团体拥有修改交易记录的权利，那么交易就可能被篡改，从而违背了他的初衷。如果交易记录被破坏了，那么萨莉就有可能把本来已经转给你的比特币再转给鲍勃。

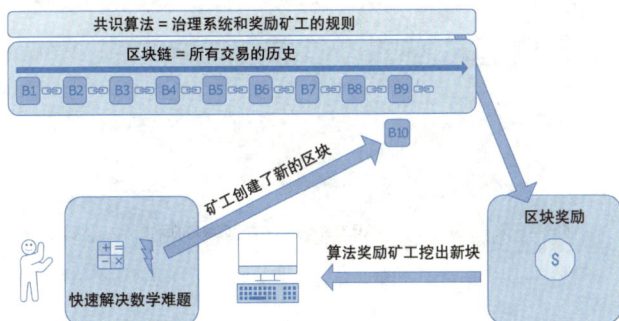

图 3 挖矿的概念

中本聪可能受到 2008 年金融危机的启发，希望能够在没有第三方监管的情况下，阻止欺诈性交易行为，并为每个人提供信任的环境。为此，中本聪提出，可以通过具有点对点分布式时间戳服务器的软件进行记账管理，并且可以通过密码学算法建立信任，这种记账系统就是我们要学习的区块链。

什么是节点？

当计算机连接到区块链网络时，该计算机就变成了一个节点。节点通过网络维护区块链，并通过参与信息传输来保持网络健康。任何人都可以在像比特币这样的公共网络上运行一个节点，节点将比特币交易广播到整个网络中的其他节点。但是，并非所有节点都相同。

根据节点参与度和区块链网络的不同，节点分为几种类型。每个网络拥有的节点类型也不尽相同。例如，一个节点，它具有网络上完整的历史交易记录并可验证系统中的所有规则时，该节点被称为全节点。全节点会下载所有区块，然后检查每笔交易和区块，以确保它们符合网络规则。该网络规则被称为共识机制，见图 4。

每个区块链都有自己独特的共识规则，这些规则包括区块的格式、如何交易和奖励矿工加密货币的数量。当一个全节点发现一个交易或区块的共识规则被破坏时，就会拒绝该交易。每个全节点都具有独立自主运作的能力。

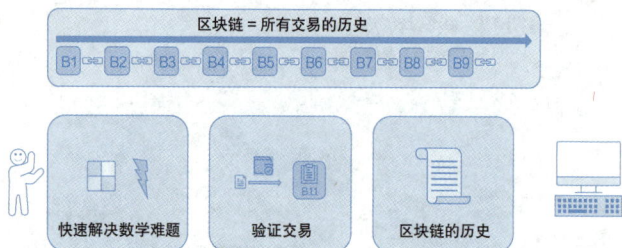

图 4 什么是节点?

运营一个全节点可能会占用大量的资源，它需要下载每笔交易以获取该区块链的完整历史记录。全节点需要保存关于所有区块新的、有效的交易记录，并保存所有的区块头信息。区块头存储着具有区块的唯一标识信息，也包含上一个区块的哈希值。所有这些数据加起来占用了大量空间。比特币区块链的数据规模高达数百 GB，并且每天都在增长。

但是，有一种方法可以连接到区块链，而无须向网络提供所有资源。该方法被称为轻节点或轻客户端。轻节点通过支持全节点的工作来验证交易，它们只下载所有区块头信息，然后使用简单支付验证（SPV）系统来检查交易。正如前面所述，区块头包含哈希值，这些哈希值证明每个区块都是按顺序排列的，并且记录了区块的所有交易信息。

操作轻节点看似很有吸引力，但是，它们很容易受到黑客攻击。由于 SPV 方法仅检查区块头，因此轻节点可能接受无效的交易或区块。例如，你认为自己已经收到了一笔比特币，但实际上却没有，这可能会导致财务问题。全节点可提供最好的保护，防止与加密货币交易相关的欺诈行为。

连接到区块链网络的另一种常见方式是挖矿。矿工也是一种节点，可以向新区块添加交易。矿工相互竞争，通过解决一个复杂的数学问题来赢得创建一个完整新区块的权利。矿工将答案写在区块头中，如果答案是正确的，矿工将获得加密货币奖励。矿工试图解决的数学问题是猜测一个数字，将该数字与区块的交易数据哈希值结合后，会得到一个在特定范围内的答案，即随机数。对于比特币，随机数是介于 0 和 2^{32} 之间的数字。

第一个得到目标范围内哈希值的矿工在网络中进行广播，发布他算出的数字，其他矿工立即停止在这个区块上的工作，并开始猜测下一个区块的随机数。此时，针对下一个新区块的竞争又开始了。

矿工们通过接受软件升级，选择性地加入新的规则中。网络可以让用户有选择地升级他们的软件，你可将升级视为软件补丁。升级的好坏取决于矿工接受度和使用率。区块链节点中有三个关键差异值得学习，因为它们会影响有关区块链的公平性、审查制度和数据永久性的假设。

公有链节点

公有链对所有参与者开放，仅仅受互联网访问、硬件和电力的限制。这意味着，你可以成为赚取加密货币的矿工、验证交易的全节点，或者在网络中发送与接收消息的轻节点。公有链没有准入门槛，不需要向任何人申请，也没有许可费，它持有像 Apache 或 MIT 许可证一样的开源许可证。公有链的典型用例有比特币和以太坊。

许可链节点

许可链是使用部分而非全部区块链技术的私有网络。大多数许可链都没有进行任何形式的挖矿，因此它们没有原生加密货币。这意味着并不存在一个公正的第三方来保护区块，区块和交易均由已知参与者进行处理。参与者都对记录的完整性有既得利益。这些网络通常由营利性公司构建，并由类似 R3 的联盟运营。

Corda 网络平台节点

R3 与 100 多家世界领先的银行和保险公司建立了一个联盟，他们通过集成区块链技术来简化烦琐的业务流程。

Corda 是 R3 背后的区块链协议，它是一个分布式账本平台，通常被称为 "DLT"（分布式账本技术）。将这个术语拆开来理解，"账本"是一个通用术语，用于说明某项内容的记录，而 "分布式" 是指该记录被保存在多个位置。分布式账本技术专门用于管理和同步受监管的金融机构之间的金融协议。

R3 平台的运作方式与公有链完全不同，它不存在挖矿一说，而且数据传输的公开度与以太坊或比特币等平台不同。R3 平台不像公有链会将交易记录全网广播，它的交易在不同节点上并行执行。每个节点都不知道其他节点的交易。每个网络的历史记录都只是在一个需要知道的范畴，公众无法查看。

Corda 的主要功能包括：

- 对网络的访问控制；
- 监管者的观察者节点；
- 交易仅由相关方进行验证；
- 兼容多种共识机制；
- 不进行挖矿，也不使用加密货币。

Hyperledger Fabric 网络上的节点

Hyperledger Fabric（超级账本旗下的 Fabric 项目）上的节点[1]，被称为对等节点和排序节点。与具有验证交易或挖矿节点的公有链不同，Fabric 上的节点托管账本数据并确保其顺序正确。托管的数据可能包括智能合约、排序、策略、通道、应用程序、组织、身份和成员资格。另一个重要的区别是，Fabric 对等节点可以托管多个区块链账本，此功能让你可以在私有区块链系统中设计灵活的架构。

区块链应用程序通过 API（应用编程接口）来连接 Fabric 上的节点。这些 API 允许你调用 Fabric 智能合约来创建交易。一旦你提交了交易，它们将被排列好并提交给 Fabric。这个过程并不是即时发生的。更改账本数据之前，交易必须获得足够多的节点的批准。可能会有两个或更多的节点私下建立合作关系，在 Fabric 中被称为通道。在通道中，对等节点同意合作，则双方共享和管理与通道相关的账本副本。

否则，当你提交交易后，将分为三个阶段来确保所有对等节点账本数据的一致，见图 5。正因如此，排序节点也很重要。排序节点确保每个节点的账本是一致的。单个对等节点无法自行更新账本数据。

---

[1]　https://www.hyperledger.org/projects/fabric

● 阶段 1：区块链应用程序请求更新账本，对等节点将为交易背书。当交易获得足够多的背书后，交易将进入第二阶段。

● 阶段 2：将背书的交易汇总在一起并打包成块。排序节点在这个过程中很重要，排序节点进行的节点审核可以确保其正确完成。

● 阶段 3：新创建的区块会被广播回每个对等节点，这样，对等节点可以更新节点上的区块链记录。对等节点会验证新区块中的每笔交易，然后再将更改更新到自己的账本副本中。

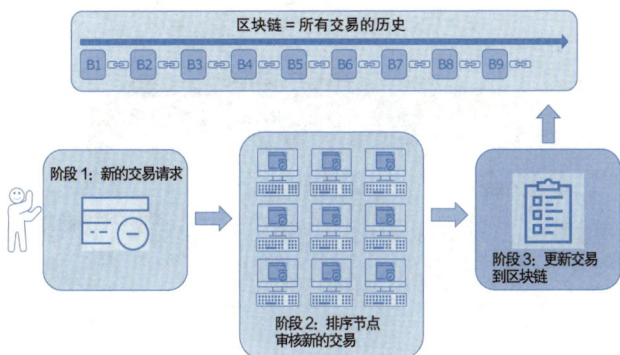

图 5 Fabric 处理交易的三个阶段

联盟链节点

联盟链节点可以存在于公有链与私有链之中。联盟是指系统——或者更确切地说是系统的用户——选择节点处理交易，指定几个节点来完成维护区块链记录的大部分工作，这种做法优缺点并存。

系统选择此类架构的主要原因是它可以减少处理交易的原始成本，并且可以提高区块链更新和交易清算的速度。

但是，也有很多不使用联盟链节点的理由。当区块链运营和保护网络安全的节点较少时，它对腐败的抵抗力就会减弱。破坏或挟持某个区块链上几个节点和这些节点的操纵者，要比破坏或挟持类似比特币区块链网络更加容易，因为在比特币区块链网络上，任何时间都有成千上万个节点同时在运行。

以下是一些以某种形式的联盟或指定节点运行的区块链网络示例。

Factom 是一个公有链，具有两类联盟节点，见图 6。其中一半处理交易，另一半确保处理交易节点的准确性，确保它们不会删除交易。系统的用户选择节点作为联邦公证通节点。Factom 没有挖矿机制，但它有原生加密货币。联邦公证通节点会获得Factoid（即 Factom 的原生通证）作为处理交易的奖励。然后，这些节点可以将 Factoid 重新出售，卖给那些希望使用 Factom 区块链的人。

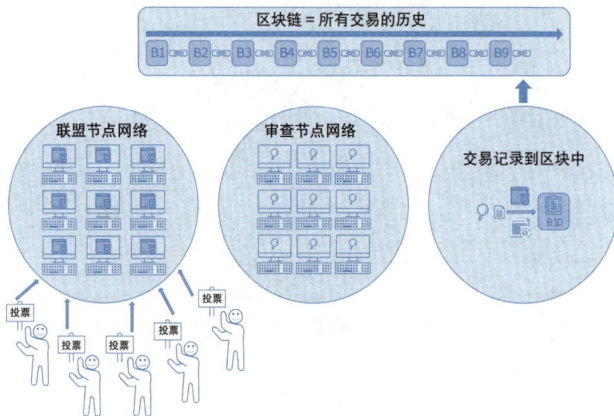

图 6 公证通联盟网络

Waves 是一个公有链，它限制了网络参与方的加入，拥有足够"Waves"加密货币的节点才可成为参与节点。当前，该限制为大约 1000 个 Waves。Waves 区块链是一个点对点网络，任何运行 Waves 软件的计算机都被视为节点，可以提出新交易。但是只允许全节点执行管理职责。全节点将区块和交易数据收集起来，发给节点的矿工，并为终端用户提供有关区块链状态的信息。全节点确保新区块的有效性，它们检查区块的格式，确保新区块中的哈希值是正确的，也就是当前区块包含了上一个区块的哈希值，并且每笔交易由交易各方签名。全节点还可以挖掘新区块。Waves 上的挖矿只产生新区块，而不像比特币那样需要解决数学难题，见图 7。

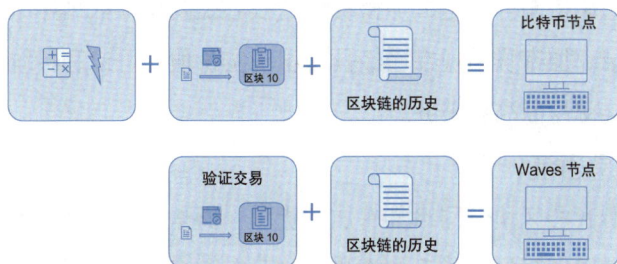

图 7　比特币节点和 Waves 节点

什么是加密货币？

加密货币是一种数字现金，是一种不记名票据。传统的不记名票据是一种使持有人有权享有所有权的文件，例如股票、债券和现金（硬币和纸币）。许多不记名票据由于其潜在的滥用风险如逃税和洗钱而遭禁用。

自 20 世纪 90 年代以来，关于数字现金的想法就已经出现了，例如 Digicash。但是它并未取得成功，因为这些系统都需要依赖一个可信赖的第三方来完成所有权和转让的记录。采用第三方来记录数字现金，使数字现金成了记名票据，并赋予了第三方很大的权利。

中本聪开发了一种加密货币，旨在防止数字货币的持有者将货币发送给多方。这通常被称为"防止双花"。在中心化系统中，防止双花很容易：第三方（例如银行）会检查所有权记录，防止欺诈性转账。

2008 年，中本聪用比特币开始了一场系统变革，该系统允许无须一个中间方去核查所有权记录的情况下转移数字现金。中本聪开发了一个点对点的电子现金系统 。

该网络协同工作以防止双花，并且以类似共享文件的方式运行。网络中的每个对等节点都有完整的交易数据。对等节点验证所有新交易以确保其有效性，并保证不会发生双花。

　　加密货币就是数据库中独一无二的有效数据。它依赖密码学来确保有关数据库更新的请求是正确的。同时，它依赖分布式网络强制执行更新数据库的规则。一些区块链技术通过稀缺性机制来保证链上资产的价值，例如挖矿机制。但是，加密货币的核心是要保证数据库中只有唯一的有效记录。加密货币现在已经具有了现实价值，可以和传统货币进行交易或直接交易商品和服务。

什么是通证？

　　并非所有的区块链网络都有加密货币，但是所有的网络都允许发行某种通证。通证与加密货币非常相似，可以充当不记名票据，用于区块链网络中两方之间的价值转移。值得注意的是，通证是非常灵活的，不一定非得是不记名票据。

　　加密货币和通证之间的一个显著区别是创建方式不同，见图 8。通证是由单方创建的，代表某种有价值的东西。相比之下，区块链网络会生成一种加密货币，作为对节点的奖励机制，以促进对共享数据库的维护。

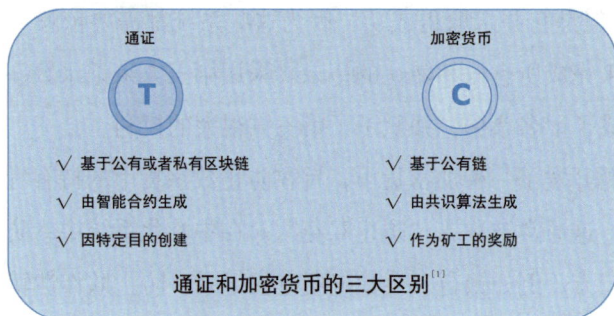

通证　　　　　　　　　加密货币

T　　　　　　　　　C

√ 基于公有或者私有区块链　　√ 基于公有链

√ 由智能合约生成　　　　　　√ 由共识算法生成

√ 因特定目的创建　　　　　　√ 作为矿工的奖励

通证和加密货币的三大区别[1]

图 8 通证和加密货币的区别

　　以太坊基金会率先改进了通证技术。以太坊区块链旨在运行智能合约，非常适合创建通证。智能合约是在区块链中执行的代码，是指示通证如何工作的一系列指令。[1]

[1]　原文中三大区别，通证这一边有一个 Created with a colored coin（用彩色币创建）的条目，不符合三个比较的维度，故删除之。

通证的类型很多，以太坊网络基于通证的工作方式有许多标准。这些共享标准允许其他应用程序使用以太坊上的任意一种通证。以下是两个最受欢迎的通证标准。

ERC-20

ERC-20 通证标准是以太坊网络上最受欢迎的通证，其他区块链的通证也采用了相同的规范。ERC-20 通证标准流行的主要原因是可用于资金募集。这些筹资活动被称为首次代币发行（ICO）。

ERC-721

ERC-721 是另一种流行的通证标准。它与 ERC-20 的不同之处在于其每一个通证都是唯一的。ERC-721 的常见用途是数字收藏品。它允许发行人证明数字资产的唯一性和可转让性，同时保证每个资产都是独一无二的。 谜恋猫 [1]（Cryptokitties，也称加密猫）是第一个基于 ERC-721 标准开发的应用。

分布式意味着什么？

区块链主要有三种类型，如图 9 所示：

● 公有链；

● 私有链；

● 混合链。

图 9 混合、公有以及私有网络

---

[1] https://www.cryptokitties.co

只要有互联网、硬件和电力，任何人都可以加入公有链网络。私有链仅允许受信方运行区块链。混合链可控制谁可以参与以及每个节点以何种参与级别进行操作。这些关键差异对于理解区块链网络的分布方式非常重要。

分布式的特点在于网络上有多个独立节点在运行，并保留了区块链的完整历史记录。公有链包括正在挖掘新区块的所有节点和正在验证交易的所有节点。

全节点分布程度的关键驱动因素是激励机制。如果一个区块链上，个人作为矿工或处理交易可以赚取更多利益，那么这个区块链就拥有更多的全节点。公有链提供原生加密货币，以奖励那些维护网络的人。

加密货币的公平市价将决定有多少个人竞争维护网络。市场价值是由投机、稀缺性和实用性驱动的。例如，比特币的价格波动很大（见图10），独立全节点的数量也会大幅波动。

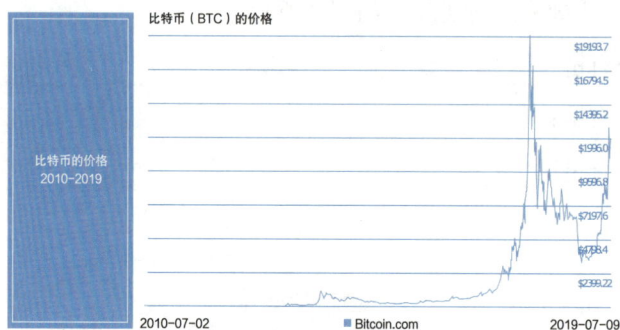

比特币（BTC）的价格

	$19193.7
	$16794.5
比特币的价格	$14395.2
2010-2019	$11996.0
	$9596.8
	$7197.6
	$4798.4
	$2399.22

2010-07-02　　　　Bitcoin.com　　　　2019-07-09

图 10　加密货币的价格波动

在选择要使用的网络时，分布程度是非常重要的考虑因素。独立全节点的数量越多，写入区块链的数据就很难被破坏和篡改，审查写入区块链的数据难度也越大。

没有吸引到足够多节点参与的公有链很容易受到攻击。首先，攻击者想破坏交易历史，因为这样他们就可以重复消费通证或加密货币，这被称为"51％攻击"，见图11。鉴于区块链只有一项职责，即生成永

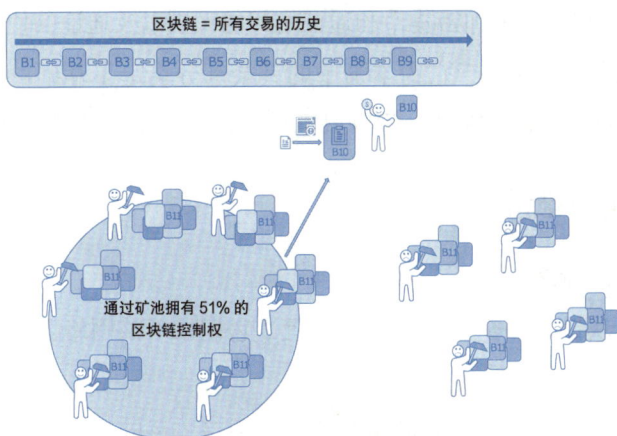

图 11　51% 攻击

久数据，因此 51% 攻击会构成极大威胁。

　　私有链和混合链仅允许已知方访问全节点，通过这个措施来抵抗 51% 攻击。然而，它们仍然面临着同样的问题。一些混合链创建了应变办法，它们经常将网络上的哈希值发布到高度分布的公有链中。此哈希值被称为默克尔树根，万一混合链受到了攻击，它可以进行恢复，直至恢复到最后一个已知的有效区块，见图 12。

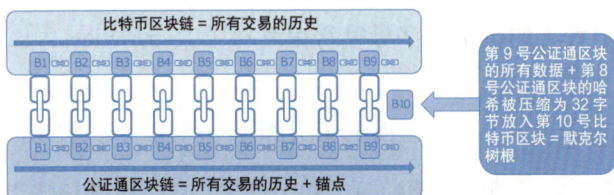

图 12　稳定混合链和私有链

1.2　小结

　　你已经在本章中获得了很多基础知识，了解了什么是区块链以及它是如何保护信息的，学习了三种主要的区块链网络类型：公有链、私有链、混合链。你也了解了加密货币，以及公有链创建它来保护自身的目的。此外，你还知道加密货币和通证之间的区别以及通证的使用方式。

本章的重要性在于它为本书中的其余部分奠定了基础。阅读后，将为后面的章节做好准备，你可以更加自信地谈论区块链技术了。

1.3 本章小测验

1. 什么是区块链？

A. 区块链是一个节点时间戳装置，它记录了该网络上曾经发生的所有交易。

B. 区块链是一个时间戳服务器，它记录了该网络上曾经发生的所有交易。

C. 区块链是一个点对点分布式时间戳服务器，它记录了该网络上曾经发生的所有交易。

D. 区块链是一个点对点分布式时间戳服务器，它记录了一些区块链记录。

2. 在区块链中，哈希函数是什么？

A. 哈希函数是一个数学问题，它会输出一个字符串。字符串是任意大小的数字和字母；对于比特币，该字符串是 72 个字节。

B. 哈希函数将区块添加到区块链。它是一个数学过程的输出，它创建了固定大小的数字和字母字符串。对于 Hyperledger，该字符串是 32 个字节。

C. 哈希函数用于打开一个区块中的所有数据。哈希是此数学过程的输出，它创建了固定大小的数字和字母字符串。对于比特币，该字符串是 82 个字节。

D. 哈希函数用于保护交易区块中的所有数据。哈希是此数学过程的输出，它创建了固定大小的数字和字母字符串。对于比特币，该字符串是 32 个字节。

3. 什么是节点？

A. 节点是连接到区块链网络的计算机。它运行网络软件，并跨网络将信息传输到其他节点，以此来保持网络健康。

　　B. 节点通过互联网连接到区块链网络。它可以让你购买比特币。

　　C. 节点是构建区块的特殊计算机。它们通过存储信息来维护网络运行。

　　D. 节点通过网络将信息传输到其他节点。

4.Fabric 的三阶段过程是什么？

　　A.（1）编写智能合约，（2）收集已背书的交易，（3）将新的区块广播给每个对等节点。

　　B.（1）请求更新账本，（2）将新区块广播给每个对等节点。

　　C.（1）请求更新账本，（2）收集已背书的交易，（3）将新的区块广播给每个对等节点。

　　D.（1）请求更新账本，（2）收集已背书的交易，（3）节点在其账本中记录交易。

5. 什么是公有链？

　　A. 公有链允许某些人以他们想要的任何级别加入。它们都有某种形式的挖矿机制和通证。

　　B. 公有链允许任何人加入，只要他们表明了自己的身份。它们都有某种形式的挖矿机制和原生加密货币。

　　C. 公有链允许任何人以他们想要的任何级别加入。它们都没有挖矿机制或原生加密货币。

　　D. 公有链允许任何人以他们想要的任何级别加入。它们都有某种形式的挖矿机制和原生加密货币。

6. 什么是许可链？

　　A. 许可链是使用所有区块链技术的开源网络，大多数都有挖矿功能，但没有原生加密货币。

　　B. 许可链是一个私有网络，它利用了某些区块链技术，包括挖掘加密货币。

　　C. 许可链是在一个服务器上运行的封闭网络，它利用了一些区块链技术，但不是全部。大多数没有挖矿机制或原生代币。

D. 许可链是使用了某些区块链技术，但并非使用所有区块链技术的私有网络。大多数没有挖矿机制或原生加密货币。

7. 什么是混合链？

A. 混合链会控制对区块链网络的完全访问。许多都具有某种形式的挖矿机制和原生加密货币。

B. 混合链不会控制对其区块链网络的访问。许多没有任何形式的挖矿机制或原生加密货币。

C. 混合链会控制对加密货币的完全访问。许多都具有某种形式的挖矿机制和原生加密货币。

D. 混合链不是区块链网络。许多都具有某种形式的挖矿机制和原生加密货币。

8. 什么是联盟链？

A. 联盟链不能是公有链。系统的用户选择节点来处理交易。

B. 联盟链可以是公有链或私有链。系统的用户选择节点来处理交易。

C. 联盟链始终是公有链。系统的用户选择节点来处理交易。

D. 联盟链允许系统用户选择节点来处理交易。

9. 是什么导致加密货币的价格波动？

A. 加密货币的价格仅受政府制裁的驱动。

B. 加密货币的价格仅受缩水和放水的驱动。

C. 加密货币价格受投机、稀缺性和实用性的驱动。

D. 加密货币的价格仅受实用性的驱动。

10. 默克尔树根如何用于稳定混合链？

A. 默克尔树根是制造挖矿芯片的硬件制造商。

B. 默克尔树根允许所有人查看已发布的信息。

C. 默克尔树根允许比特币区块链将自身恢复到其最后一个已知有效区块，以应对网络攻击情况。

D. 默克尔树根允许混合链将自身恢复到其最后一个已知有效区块，以应对网络攻击情况。

第**2**章
区块链技术的关键部分

　　区块链是一种对现有技术的重新组合方式。本章中你将学习到创造区块链的核心技术，以及支撑区块链的网络。它包括密码学、账本和公开见证（Public Witness）。

　　密码学是区块链技术中至关重要的部分，它在历史的长河中经历了多个阶段。最早的为人熟知的加密消息出现在 3000 年前的埃及和两河流域。接下来的小节中将深入介绍密码学，包括如何创建一条链、哈希算法是什么以及加密算法如何在链上工作。

　　在后面的几小节中，你将了解到区块链是如何创建的，以及区块链上的信息是如何受到保护的。

　　你将了解区块链如何使用经济激励来构建公开见证，公开见证具有很好的灵活性，且可以促使各方达成一致。而这正是挖矿与加密货币的概念，是它们让区块链数据可以在网络上传播。

2.1　密码学

密码学通过数据的加密使数据只被预期的人员掌握。它是人类最重要的发明之一，并且拥有悠久的历史。古希腊和古罗马人过去常用替换字母的方法发送秘密消息，该消息只能用密钥来解密。

在"二战"期间，密码学的发展达到了新的高度，因为消息包含了至关重要的信息，如用无线电来广播部队的移动命令。任何有无线电接收机的人都可监听该广播，因此，保证仅有特定听众能解密该消息是至关重要的。德国人特别设计开发了恩尼格码密码机（Enigma），以保护军队（包括海军）之间的安全无线电通信。在之后的科学研究中，出现了一种新的加密方法，这使得任何人都可以向其他人安全地发送隐私消息。在本小节中，我们将揭示密码学的加密方法，以及现在我们如何使用它，包括如何使用它安全地发送消息以及如何保护区块链的数据安全。

古典密码学

恩尼格码密码机是革命性的，它以复杂的方式改变明文的每个字母。通过机械转子，每个字母都会与其他字母进行多次交换。转子数量的增加提高了加密的复杂度，从而使得只有掌握每日加密表的人，才懂得如何解密消息。

恩尼格码密码机使用了当时最复杂的加密方法。最终，盟军破解了德国人的加密方法。琼·克拉克（Joan Clarke）和阿兰·图灵（Alan Turing）是其中重要的密码破译者。他们每天都进行着破译工作，但过程异常艰难。

德国人持续添加新转子，让字母交换更多次。每个新转子都增加了破译的难度，最终使琼·克拉克和阿兰·图灵在当日完成破译工作变得几乎不可能。

破译德国人密码的需求促使一个新计算装置的诞生，称为"图灵甜点"（The Bombe 或 Turing Bombe）。在波兰密码破译者的帮助下，阿兰·图灵在布莱切利庄园（Bletchley Park，一个英国政府安全机构）研发了它。它可以快速计算出德国人当日的加密密钥。与此前的所有加密方法一样，恩尼格码密码机使用对称密钥进行加密，即加密和解密时使用相同的密钥。

现代密码学

密码学的下一次飞跃出现在 1975 年，惠特菲尔德·迪菲（Whitfield Diffie）与马丁·赫尔曼（Martin E. Hellman）发表了一篇题为《密码学的新方向》（*New Directions in Cryptography*）的论文。文中提出了一种全新的加密方式，它允许任何人向此前从未联系过的另一人发送秘密消息，而不需要接收者的加密密钥[1]。

还记得恩尼格码密码机吗？它在加密和解密时使用相同的密钥。而迪菲和赫尔曼提出的加密技术通常被称为公钥加密，更专业的名称为"非对称加密"（Asymmetric Cryptography）。它使用一对密钥，其中一个是任何人都可以知道的公钥，任何人都可以用它加密消息后发送给你；另一个是只有你自己知道的私钥，只有你可以用它解密收到的消息。

首先，非对称加密允许任何人使用接收者的公钥来加密消息；其次，加密后的消息，只有接收者才能通过其私钥进行解密。当今互联网和移动通信中的隐私保护通信，可能都要使用非对称加密。它是支撑区块链存在的至关重要的技术之一。非对称加密使得加密货币可以安全地在不同地址之间发送。

公钥和私钥

让我们看看区块链是如何使用非对称加密（公钥加密）来保护加密货币的交易过程的。区块链账本是公开的分布式账目，任何人都可以看到每个地址上有什么加密货币以及这部分加密货币的完整记录。这意味着你可以看到任意一笔交易，包括数额、发送方和接收方。

非对称加密保证了发送者向接收者发送加密货币时，货币不会被盗用。它使双方不需要见面或交换其他信息，即可完成交易。只要发送者

---

[1] 译者注：原文为 even without the recipient's encryption key，事实上需要接收者的公钥；为获取该公钥，也可能存在"联系"的过程。

拥有接收者的公钥，就可以发送加密货币。

区块链上的公钥即为地址。地址和私钥以数学方式约束，具有独特而有趣的数学特性。公钥和私钥是一起生成的，生成过程中组合了随机数和大质数。其中质数指的是只能被 1 和它本身整除的数。

如果你加密一条消息，比方说，使用接收者的公钥向其地址发送加密货币；那么，接收者可以使用其对应的私钥解密，并获得该加密货币的所有权。任何拥有该私钥的人都可以将该加密货币发送至新地址。区块链账本保存了所有地址之间的交易，任何人都可以看到任意两个地址之间的交易历史。

得益于公钥和私钥独特的数学特性，它们还可以反过来使用。如果你使用私钥加密一条消息，比方说发送加密货币，那么密文只能被对应的公钥解密。如前所述，当你向一个新的公开地址发送加密货币，只有接收者能解密，这是公钥加密的用法；而与此同时，你还可以使用私钥加密，这样，所有人都可以确认你拥有发送该加密货币的权利。因为在数学上，只有掌握私钥的你可以加密这一交易，这被称作"交易的签名"。

很显然，你需要安全地保存你的私钥。如果你的私钥丢失或被毁，你将无法使用你的加密货币。如果小偷通过物理方式控制了你的电脑，或通过你的设备上的恶意软件获取了你的私钥，那么他将可以转移你的加密货币到新地址。区块链不会知道是小偷伪装成你对交易进行签名。加密货币的交易只能由私钥来进行，这一私钥是上次交易的接收方的公钥对应的私钥，因此加密货币交易一旦发出就是不可逆转的。

2.2　什么是哈希？

你已经了解了任意两方如何使用公钥和私钥进行加密货币的交易，在不同的地址间发送加密货币会创建交易的收据。这些收据保存在持续扩充的记录中，这一记录被称为区块链账本。

在本小节中，你将了解在网络中哈希算法如何保护交易的记录。请注意，将这一过程应用在加密货币的交易中是先驱性的，同时它也可以用在其他很多需要身份验证的应用中。这一数据的数字签名技术保证了账本中所有的记录不会被篡改。和其他很多造就了区块链的技术一样，哈希算法诞生于很久之前。IBM 的工程师汉斯·彼得·卢恩（Hans Peter Luhn）在 20 世纪 50 年代首先构想出了用哈希算法来组织数字和文本。

从区块到哈希

区块链保护交易记录不被篡改的方法正是使用哈希算法。哈希与对称加密很相似，只是不包括使用密钥来解密数据的功能。数据本身会通过一种单向的数学证明创建一段固定长度的密文[1]，而数据本身就是密钥。

哈希算法接收任意长度的数据为输入，产生固定长度的字符串为输出。这一字符串就是该数据的哈希值，相当于输入数据的签名或指纹。如果输入数据的任意一部分发生变化，哈希算法将产生完全不同的新的数据指纹，即新的哈希值，见图 13。

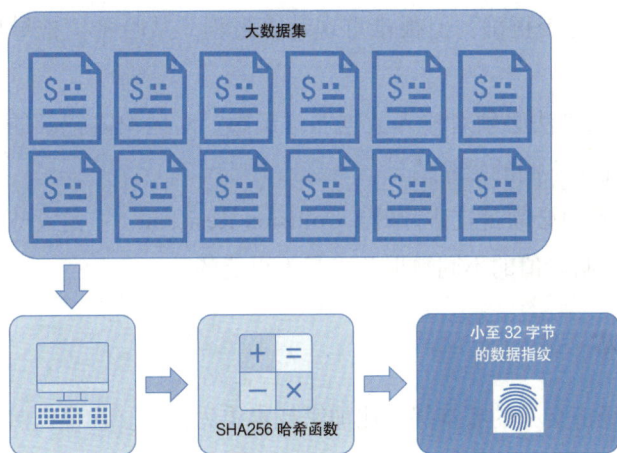

图 13 哈希算法

在区块链的场景中，哈希函数的输入数据是一个交易区块。

每个区块都会通过哈希函数产生一个唯一的哈希值，这一哈希值只有该区块能够产生。这个唯一的哈希值是一个固定长度的字符串，字符串中包含

[1] 译者注：原文为"fixed length key"，直译为固定长度的密钥，但与下文冲突，因此改为密文。

数字和字母。比方说，比特币（Bitcoin）使用 SHA256（Secure Hashing Algorithm）哈希算法。

这意味着一个区块中的数据，只能创建唯一的哈希值，它是由字母和数字组成的固定长度的字符串。如果区块的数据中任意一部分改变或丢失，那么哈希值将完全不同。这使得保护区块链记录的节点可以快速检查数据是否完好无缺。

一个区块的哈希值记录在下一连续区块中，这样就连成了一条记录的链。这些哈希值证明了区块的顺序，也包括加密货币在地址之间发送的顺序。

以下是哈希算法的一些关键特征。

● 哈希值是确定的，一个区块的数据无论运行多少次哈希函数，得到的哈希值都是相同的。

● 对节点来说，哈希值很容易计算。这就像数独游戏，很容易验证一个答案是否正确，但很难重现计算过程，从哈希值推导出初始数据[1]。

● 哈希算法必须对输入数据非常敏感。对区块链记录的任何改变都将产生完全不同的哈希值。

● 哈希值必须是抗碰撞的（Collision Resistant）。这意味着找到两个拥有相同哈希值的不同数据几乎是不可能的。

2.3 账本

记录经济交易的账本甚至比加密技术更为古老。很早以前，精明的企业主和政府就发现，他们需要对购买的商品、发出的订单以及这些商品的收据进行记账。

美索不达米亚的许多古代陶器上都有会计记录，被称为账本，它们已有 5000 多年的历史。已知最早的会计记录是来自刚果民主共和国的 2 万年前的骨头。这上面有对应账目符号，用来记录一些东西的账单。

---

[1] 译者注：原文为"but is difficult to reproduce"，推测为通过数独填满的结果猜测数独原题，类比通过哈希值很难找到原文。

信不信由你，对事物的解释可能就是人类创造书面语言和数学的原因。账本使得复杂社会中的贸易和生活成为可能。

交易与贸易

交易是指两方交换某些东西。自贸易诞生以来，人类一直在寻找更好、更安全的交易方式。当我们的祖先想要获得别人拥有的东西时，他们必须先拥有对方需要的东西。

例如，一方有一些苹果，而另一方有一些鱼，一方也许可以用苹果来换取另一方的鱼。但这并不总是有效的。可想而知，这种交易很困难，因为双方必须同时拥有对方想要的东西。为了解决这一棘手的贸易和交易问题，人类创造了货币。

货币的诞生

第一种货币，是所有人都一直想要的商品，并且不会随着时间的流逝而变质，不像苹果和鱼。它们是盐和美丽的贝壳之类的产品。几千年前，希腊奴隶贩子经常用盐交换奴隶，而且今天你仍然可以看到这些早期交易和金钱术语的残迹。诸如 "they are not worth their salt"（直译为他们不值得这些盐，引申意为他们不能胜任）和 "slave"（奴隶）一词都来自这一时期。直到今天，非洲的一些游牧民族仍将盐作为金钱。

货币的第二次革命是信任第三方来保管资金，从而免遭偷窃。圣殿骑士团（Knights Templar）是建立银行网络的著名团体。他们的系统允许朝圣者在自己的祖国存放资产并在圣地提取资金。

据可靠消息称，他们使用密码学技术来保护资金安全，在异地提取时，没有人能够在金额上造假。自圣殿骑士团诞生以来，人们精心设计了很多方案来保护财产。在当时，不通过中介的价值转移都是不安全的，持有任何形式的价值都容易被盗。

贸易承诺

朝圣者使用的票据有了很大的发展。票据本身代表了取回价值的选择权，无论是谁持有该票据，他实际上就是存款的所有者，都受到第三方承诺的安全保障。这个票据被称为承载工具。

人们很快就意识到他们可以直接将票据换成商品和服务。之所以出现这种现象，是因为双方都相信持有资金的第三方能够遵守承诺，同时票据代表了持有者可以按期望兑换黄金或白银。

货币发展中迈出的又一大步，是1973年美国正式结束了金本位制。许多工业化国家也都如法炮制。银行开始使用无形资产来取代像黄金白银这样的有形资产。

现代货币所代表的无形资产是人们未来的工作。每种货币都与一个国家或联盟（如欧盟）即将生产的产品有关。这意味着货币不再具有固定的黄金兑换率。现代银行体系的浮动汇率反映了公众情绪、战争趋势和贸易协定。

现在货币的观念又发生了令人激动的转变。瑞士和澳大利亚等一些国家和地区将加密货币视为一种货币。为什么加密货币具有价值？因为它们被证明可以从一个人转移到另一个人。区块链保护了交换的证明，而区块链的共识算法可强制执行转移规则。加密货币不需要像其他货币一样有黄金或国家未来的产出那样的背书。拥有加密货币意味着你拥有一个私钥，可以将该货币发送到任意一个公开地址。

2.4 公开见证

区块链技术采用的另一个古老的概念是"公开见证"。这可能是人类创造的最古老的"技术"。公开见证人[1]是一个可以证明事实或事件的人。他的证词使其他人相信发生了某些事情。见证人会传播他们的个人知识，让更多的人知道并相信这些知识。

第一次公开见证可能发生在古代的一个篝火旁，猎人向他们的朋友和家人讲述一场史诗般的战斗。在世界各地的洞穴壁上，你可以看到这些故事的证据。讲故事和分享信息都是典型的人类行为。

---

[1] 译者注：原文为"public witness"，即public witness在某些语境中指公开见证这一概念，在某些语境中指公开见证人。

公开见证有两个主要作用。第一个作用是它可以将知识传播给很多人，让历史得以传承。知道故事的人越多，故事就流传得越久。

公开见证的第二个作用是，允许个人对所提供的信息做出选择。每个人所遵守的社会规范都会影响这一选择，例如他们是否记得历史，是否将信息传递给更多的人或采取了相应的行动。

在本节的其余部分，你将了解区块链结构如何反映公开见证，也将了解推动信息传播和存储的激励机制和经济原理。

计算机见证

自从计算机发明之后，它就开始替代以前只能由人脑进行的工作。即便曾经需要熟练技能的高薪工作也不能幸免，如第二次世界大战的密码破译者。现在，计算机网络正在做一些只有一群人协同才能做到的事情。区块链技术是公开见证概念的扩展，它传播知识、鼓励信息的存储，并允许每个节点对收到的信息进行选择。

区块链网络上的每个节点都在进行信息的见证。像法院、图书馆和档案馆，人们会在这儿存储信息并在将来的某个时间点加以引用，区块链也会证明其信息的准确性和真实性以便在一段时间后使用。因此，区块链本质上是一份数字档案。

每个节点都拥有一份独立存档，保存了区块链网络上发生的所有交易。节点会监听正在发生的事件并记录为历史，再基于区块链规则选择要执行的任务。

每条区块链都有如何处理新信息的标准和规则。大多数节点都同意并遵守这些规则，但其实每个节点都有选择权，有时节点会不同意或违反规则。当只有少数几个节点不承认区块链的历史数据时，这些节点将被忽略。

但是，当足够多的节点不再同意相同的规则时，它们将中断并开始建一条新的独立的区块链。这被称为"硬分叉"（Hardfork）。硬分叉意味着对该协议进行了根本性的修改。该协议是大多数节点同意遵循的一组新规则。硬分叉可以使之前无效的区块或交易变为有效。实际上，这意味着硬分叉可以通过更改规则和改写历史记录来取消交易。

所有节点和用户都必须升级到协议软件的最新版本，以便处理新交易并就区块链的历史记录达成共识。这很重要，因为历史记录可让每个人知道谁拥有哪些加密货币。

区块链社区中的许多争论，就是关于网络中治理规则的观点分歧。这些争论催生了无数新的区块链，其中大多数是比特币的硬分叉。

挖矿

传统货币，比如美元、欧元和人民币，是由政府控制，并由中央银行创建和分配的。每个国家都有一个中央银行，它有权发行新货币，这样做通常是为了改善或刺激国家的经济。中央银行的工作是使一个国家的货币供应保持平衡，以使该国的经济强劲且保持竞争力。

而加密货币有很大的不同。算法，或者说是治理区块链的规则负责创建新的加密货币。该算法会向矿工奖励新的加密货币，或在竞争激烈时限制新币的发行，从而发挥中央银行的作用。

挖矿主要做以下三件事情：

● 创建新的加密货币；

● 确认交易；

● 保护区块链历史记录。

创建新的加密货币

创建加密货币和奖励给矿工的速度，由治理区块链的规则决定。对于以多快的频率发放奖励、发放给谁，每个区块链都有自己的规则。

对于矿工来说，欺骗和伪造货币几乎是不可能的。因为假币很容易被识别出来，它没有与区块链相匹配的历史记录。矿工必须利用其计算能力和电力来生成新的加密货币，例如比特币。

新币的创建由一种算法来调节，该算法调整了挖矿节点试图解决问题的难度。新币的发行取决于矿工在特定时间内解决区块难题的速度。由于区块链的算法确保了矿工获得新的比特币不会太容易也不能太困难，因此挖矿难度会上下浮动。

确认交易

矿工在处理和确认交易中起着非常重要的作用。交易是指，发送者将加密货币从一个地址发送到另一个地址，矿工对该交易进行确认，并将其添加到他们正在打包的区块中。只有当一笔交易被包含进区块时，它才是完整的并受区块链保护。

保护区块链历史记录

矿工保护区块链的方式是，使攻击者攻击、修改、中止网络的难度增大。理论上，加入区块链系统的节点越多，该链就越安全。这是因为物理距离越远，独立节点越多，让它们达成妥协的挑战就越大。攻击者可能需要控制超过 51％的网络节点，才能对其造成任何实际破坏。分布式和独立性保证了区块链的安全可靠。

51％攻击允许攻击者多次花费相同的币或者组织其他人的交易。

这种攻击不常见，因为成本很高。攻击者需要拥有足够的设备并消耗足够的电力，以超过网络上的其他挖矿节点。如果网络中节点很少，那么51％攻击就变得容易得多，并且如果该区块链的加密货币的交易价格高于达到51％网络所需的成本，那么该区块链被攻击将只是时间问题。

挖矿效率的驱动力

比特币矿工必须持续提高他们使用的设备的效率。为了降低设备挖出新比特币所消耗的电力成本，他们正在打一场持久战。这是一场永无止境的速度之战。为了保持在网络中的竞争力，他们需要拥有更快的机器。

自 2009 年比特币发布以来，挖矿硬件发展迅速，因为最高效的设备将以更低的成本获得大部分的比特币。过去使用计算机的 CPU 或 GPU 就可以挖矿。但是，现在比特币挖矿的新竞争变得如此激烈，以至于需要专门的设备才有机会赢得比特币。目前，挖掘比特币的计算机使用 ASIC（Application-Specific Integrated Circuit，专用集成电路）芯片。在加密货币的推动下，ASIC 挖矿芯片和硬件架构正不断发展。由于电流通过芯片内的开关传送，因此，通过的距离越短，芯片速度就越快。当把 ASIC 紧密地堆叠在一起时，它们的速度能够更快。基于此，2013 年郭逸夫（Yifu Guo）的阿瓦隆（Avalon）矿机的制程达到 128 nm，而目前将近 7 nm 制程的 ASIC 矿机正在应用于比特币挖矿。随着更快的新芯片的诞生，旧机器几乎很快就被淘汰了，但是直接而丰厚的回报承诺迫使人们继续购买和升级设备。

挖矿设备很快就过时了，主要原因有两点。一是，根据区块链本身的规则，如果有更多矿机进入网络，就会增加挖矿难度。这些规则起到稳定作用，并有助于保护区块链历史的完整性。

二是，加密货币的挖矿是一种残酷的装备竞赛。为了获得最多的加密货币，矿工需要拥有最高效的挖矿设备。拥有最新设备和最便宜电力的矿工将赢得最多的激励。但是，每个区块链的共识算法都在努力保持恒定的交易清算和加密货币的生成速度。共识算法将调整挖矿难度，以匹配矿工们计算哈希值的效率。矿工的效率越高，区块链的挖矿算法就变得越困难。

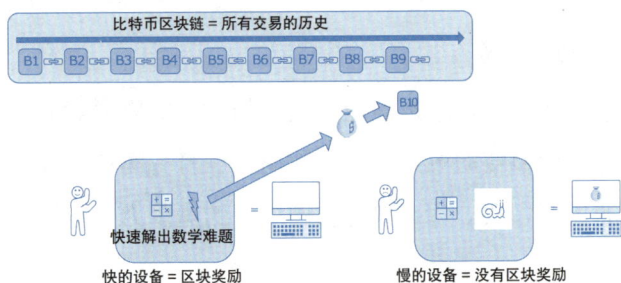

图 14 挖矿速度最快的节点赢得新币

新的分布式网络结构

区块链是分布式账本。它创建了几乎不可改变的交易历史记录，并由分布式网络维护该记录。区块链中保护的所有记录均已通过确认，确认的方式是称为共识算法的规则。但是，并不是所有的分布式账本都是区块链。

开放的区块链技术和完全公开的区块链结构，已经引起了大多数政府、银行和企业的关注。区块链系统的独特性令人着迷，其包括安全性以及与对方直接进行交易的能力。许多机构正在探索区块链技术，以提高其运营效率。

但是，区块链记录的完全公开也令人担忧。出于一些原因，很多机构需要保护他们记录的隐私。而且，由于区块链通常会遭受攻击和宕机，如果每个人都使用区块链系统，这些攻击或宕机会造成经济崩溃。因此，对于一个国家的关键系统来说，在没有绝对安全的情况下基于区块链进行操作，并不是很有吸引力的方案。大型机构一直在挑选他们最喜欢的区块链的部分。许多机构看到了共享分布式账本的好处。

分布式账本技术（Distributed Ledger Technology，DLT）是由已知的组织合作创建的网络，用于创建共享记录并进行协作。DLT 中没有矿工，因为每个拥有账本的读取和编辑权限的人都会维护其完整性。DLT 没有挖矿，所以它没有加密货币。但是较为奇怪的是，它可以用来发行一种通证，该通证可以进行与加密货币相似的操作。

DLT 网络不是去中心化的。创建分布式账本的人具有完全的控制权。他们管理网络的结构、用途和功能。在实践中，账本的历史记录会在多台服务器上存储，并且有多个节点可以更新和确认网络上的新消息。节点相互通信以确保维护最准确和最新的交易记录。这种类型的网络依赖于与传统区块链类似的共识原则。即使所有的参与方都是已知的，这些确保所有节点正常工作的规则仍然很重要。

2.5 小结

本章介绍了更多关于技术的历史和演进的知识，这些技术推动了区块链和加密货币的诞生。本章介绍了密码学的逐步发展过程，从早期的罗马技术到公钥加密的革命。公钥加密带来了如电子邮件之类的便利性。还介绍了哈希算法以及它们在区块链技术中的作用。

本章内容是基础知识，它揭示了用于创建区块链的核心技术。了解这些技术的工作和使用方式，可以更清晰地了解区块链技术，同时也了解它的局限性和弱点。

阅读完本章后，你将更好地管理那些希望使用区块链技术的项目。对区块链不同部分的局限性和核心功能的了解，可以帮你在选择技术和设计系统时做出更明智的选择。

2.6 本章小测验

1. 什么是密码学?

A. 密码学是数据的加密，只有预期的人员可以掌握数据。

B. 密码学是数据的混合，只有拥有者知道数据。

C. 密码学是数据的公开，任何人都可以读取数据。

D. 密码学是一种数学运算。

2. 什么是恩尼格码（Enigma）密码机?

A. 恩尼格码密码机是"二战"期间英国人发明的，用来向德国人保密。

B. 恩尼格码密码机是一台计算机，使用复杂的方式改变消息中的字母。

C. 恩尼格码密码机是一个数学加密设备，可以改变无线电信道。

D. 恩尼格码密码机是一个数学加密设备，使用复杂的方式改变消息中的字母。

3. 什么是公钥加密?

A. 是一对所有人都知道的非对称密钥，接收者收到消息后用该密钥解密。

B. 是非对称密钥，可以在私有信道中发送私密消息。

C. 是非对称密钥,可以在公开信道中发送消息,并保护消息为私密。它使用一对密钥: 所有人都知道的公钥、只有接收者知道的私钥。接收者收到消息后，使用私钥解密。

D. 是对称密钥，可以在公开信道中发送消息，并保护消息为私密。它使用一对密钥：所有人都知道的公钥、只有接收者知道的私钥。接收者收到消息后，使用私钥解密。

4. 什么是私钥？

A. 私钥可以加密发送在公开信道上的信息。

B. 私钥可以解密发送在公开信道上的信息。

C. 私钥可以用来进入公开信道。

D. 私钥可以在公开信道发布消息。

5. 什么是公钥？

A. 公钥可以让任何人在公开信道上向接收者发送隐私信息。

B. 公钥可以解密消息。

C. 公钥可以打开公开信道。

D. 公钥可以在公开信道上向接收者发送隐私消息。

6. 什么是哈希？

A. 哈希是数据的双向数学证明。它产生信息的数据指纹：输入任意大小的数据，输出固定长度的字符串。

B. 哈希是数据的三向数学证明。它产生信息的大数据文件。

C. 哈希是数据的单向数学证明。它产生信息的数据指纹：输入任意大小的数据，输出固定长度的字符串。

D. 哈希是数据的单向数学证明。它产生信息的大数据文件。

7. 对一个数据集进行多次哈希，会一直得到相同的固定长度的字符串吗？

A. 会，哈希值是确定的，一块数据无论进行多少次哈希，都会获得相同的哈希值。

B. 不会，每次哈希值都不一样。

C. 哈希每次会产生两个结果。

D. 哈希可以用私钥解密。

8. 什么是账本？

A. 账本是比特币的记录。

B. 账本是加密的工具。

C. 账本是经济交易的记录。

D. 账本是存储比特币的设备。

9. 在比特币中，什么是公开见证？

A. 区块链上的一个节点是一个公开见证人。它证实信息是准确、可信的。

B. 公开见证人证实自己的信息是准确、可信的。

C. 一个数字化的法庭、图书馆或档案馆，人们在这里存储信息以便将来参考。

D. 一个在公开网络上发送交易的人。

10. 区块链的挖矿完成哪三个功能？

A. 挖矿会挖掘出隐藏的货币、广播交易并公开交易历史。

B. 挖矿会产生新币、确认交易并保护区块链历史。

C. 挖矿会产生新币、阻碍错误交易并保护区块链历史。

D. 挖矿会产生通证、确认资产并保护区块链历史。

第**3**章
网络架构：共识算法

共识算法是控制区块链运作方式的代码，它建立了所有参与者在进行交易时必须遵循的规则。共识算法创建了一个允许一组相互独立的系统对单一版本的认知达成一致的网络架构和流程。一致性算法不是区块链技术所特有的，但它们是所有区块链的基础，是控制每个区块链如何运作的一组规则。

了解常见的区块链网络架构以及决定其结构的共识算法是有必要的，这将帮助你在构建应用程序和处理交易时做出明智的设计决策。

在本章中，你将看到许多重要的共识规则，它们控制着区块链的运作方式。你也将看到这些算法如何影响区块链的功能，以及你从使用这种共识算法中获得的好处。

3.1 工作量证明

工作量证明（PoW）由中本聪提出，并被比特币、以太坊、莱特币、狗狗币和许多其他公有链使用。这是一种竞争性共识算法，区块链上的每个矿工节点都在争夺打包区块。任何人在任何级别都可以参与系统的创建和维护，但竞争非常激烈，希望具有竞争力并获得加密货币奖励的节点需要运行专用设备。该算法耗能高且昂贵，获得比特币的开销和难度是通证经济学的必要组成部分。就像开采黄金一样，既不便宜也不容易，并且比特币的获取难度和稀缺性被认为反向驱动了其部分价值。

工作量证明算法通过比特币区块链上被称为矿工的一些参与者来解决复杂的计算问题，解决了问题的矿工首先向比特币的区块链添加新的交易块，然后用比特币为矿工提供"块奖励"。目前，首先完成的矿工可以获得 12.5 枚比特币 [1]。未来奖励给矿工的比特币数量会随着时间的推移逐渐减少。

竞争比特币的矿工数量经常变化，因为每个矿工都是自愿且自由地参与竞争的。工作量证明算法将调整矿工正在解决的问题的难度，以便保持更一致的出块时间，并确保每个区块中交易的安全性。

多个矿工同时解决同一个区块的问题并不少见。如果同时有多个区块被计算出来，矿工们会选择一个胜出的区块来继续建立自己的链，最终最长的链条获胜。为了确保在打包交易的区块之上已固定了足够的块，建议至少等待 6 个区块，然后再确认交易。

只要矿工创建的区块中有 51% 或更多是合法的，就可以保护比特币区块链的安全，比特币通过经济上的激励，使矿工只生产有效的区块。

PoW 适用于未建立连接的各方之间的点对点交易。扩展在 PoW 区块链中构建的应用程序（去中心化应用程序，DApp）可能会很昂贵，因为它们操作起来费钱费力。

---

[1] 译者注：比特币每四年减半，最开始奖励 50 枚，经过两次减半，目前奖励 12.5 枚。

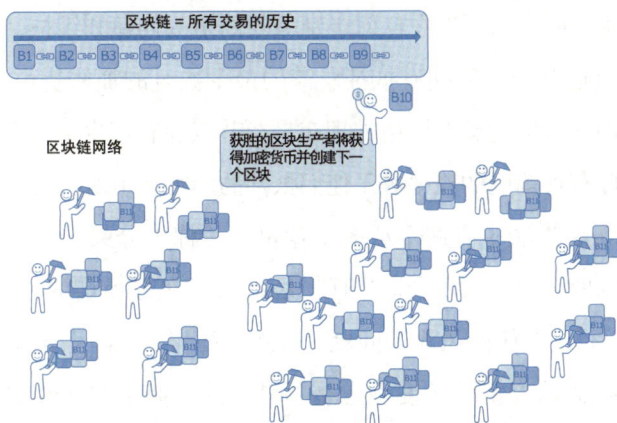

图 15　工作量证明

优点：

■ 2009 年以来，通过测试且仍然运行良好；

■更慢、更安全——你可以确信交易不会被回滚；

■去信任的——没有人可以阻止你的交易。

缺点：

■很慢——你必须等待交易被确认；

■费用昂贵——交易成本会随着用户数量的增加而增加；

■随着时间的流逝，它很容易集中化——拥有最多资源的人可以集中算力进行挖矿。

3.2　权益证明

权益证明（PoS）是一种竞争性共识算法。由于 PoW 难以满足区块链交易的速度要求，PoS 被当作一种替代方案。

PoS 节点不挖掘加密货币。用户可以将来自区块链的一些加密货币放入 PoS 机制中，该机制允许用户"押注"他们将按照共识系统的规则诚实地处理交易。如果用户不这样做，将被没收加密货币。它是支持更为去中心化的低成本替代方案，因此在公有链网络中变得越来越流行。

PoS 使任何人都可以在任何级别参与网络的创建和维护，但有一个限制，节点运营商必须拥有抵押所需的最少数量的加密货币。 如果有的话，他们就可以为整个网络处理交易。节点拥有产生下一个区块的权利，其因此获得奖励的概率等于他们抵押的加密货币所占的百分比。

如果 PoS 算法中有两个或多个竞争块（称为分叉），你可以将加密货币放到两个块上而不会产生任何后果。 这就是所谓的"Nothing-at-Stake"（不承担任何风险）问题。 要注意，在 PoW 系统中，在两个链上进行挖矿从经济的角度考虑是不可行的，但是在 PoS 中，在多个链上工作几乎没有成本，这样做的动力也很大。 在 PoS 机制下，当利益相关者一开始就出现不良竞争时，应用哪些规则来解决还是个悬而未决的问题，见图 16。

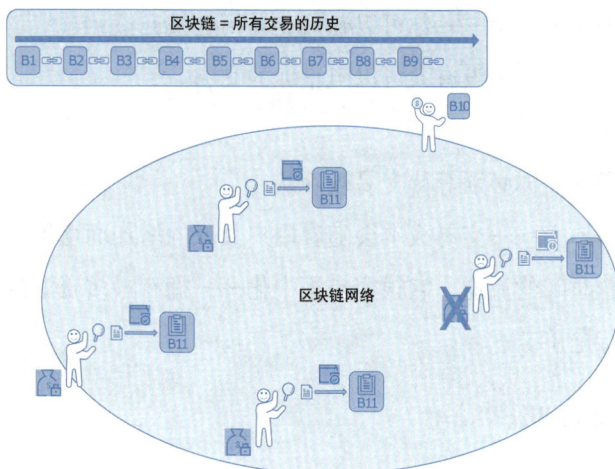

图 16 权益证明

优点：

■高效节能，挖矿时不耗费大量电力；

■攻击的成本可能比 PoW 高——黑客需要获取很大一部分原生加密货币的币龄；

■它可以轻松扩展来支撑交易负载。

缺点：

■奖励将权重分配给使用其加密货币时间最长的人。矿工持有加密货币的时间越长，回报就越大。网络结构允许有更多加密货币的一方拥有更多网络的控制权，这可能导致中心化集权。

PoS 已经被以太坊、Peercoin 和 Nxt 采用。

3.3　委托权益证明

成为验证者的竞争发生在共识之外，那些在网站和社交媒体上有更好声誉的人将当选。委托权益证明（DPoS）是一项协作工作，在此共识系统中，验证交易的节点将得到同等的奖励。

作为利益相关者，你可以选择"见证人"来验证交易并为网络创建区块。EOS 是最受欢迎的 DPoS 区块链之一，只有 21 位见证人。

每个 EOS 见证人都需要获得生产区块的费用回报，该费用由利益相关者们决定。

见证节点以轮流或随机的方式一次生成一个块，见证人无法发布连续的区块或执行双花攻击，因为他们不允许在不更新所有权的情况下从

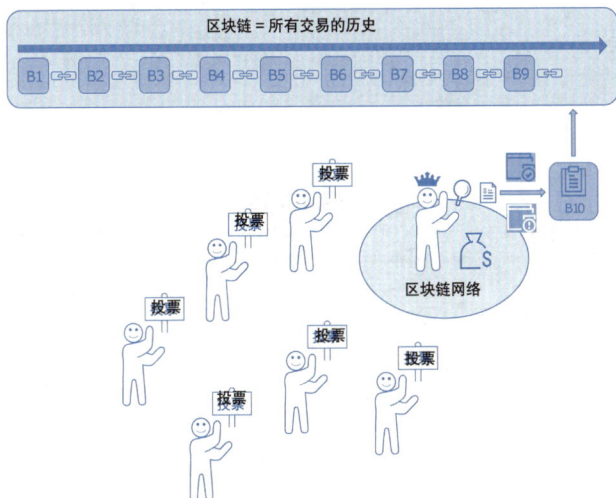

图 17　委托权益证明

同一地址发送两次或多次加密货币，这相当于从你的空银行账户中开出支票，获得支票的人认为他们已经完成收款，但是一旦银行处理了支票，便会被拒绝，届时他们才会得知自己遭受欺诈了。

DPoS 网络被用于构建应用程序，因为它们允许开发人员扩大其产品的规模并提高其产品的响应速度。

优点：

■与 PoS 一样，它是节能的；

■速度很快——例如，EOS 的出块时间为 0.5 秒。

缺点：

■这是一个中心化系统——可能更容易被攻击。

3.4 权威证明

权威证明（PoA）是一个协作共识算法，最适合私有的、经过许可的区块链。在此系统中，交易和区块将由指定的账户进行验证，这些负责共识机制验证的节点可以将交易打包进区块中。

此系统最适用于测试网络，在将应用程序部署到公共网络之前对其进行测试。

优点：

■节能；

■快速。

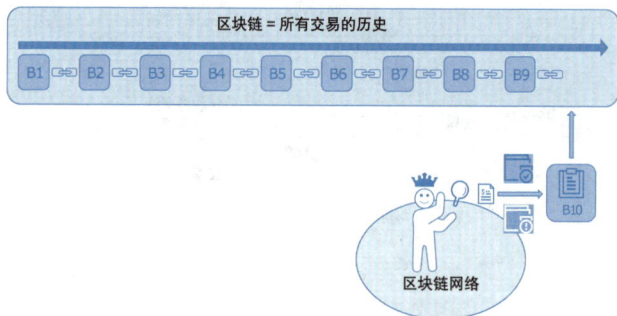

图 18 权威证明

缺点：

■中心化。

PoA 被用于 PoA·Network 网络，如以太坊 Kovan 测试网和 VeChain。

3.5 消逝时间证明

消逝时间证明（PoET）是一种竞争性共识算法，经许可的区块链通常用它来决定系统的挖矿权。如果你还记得，许可链要求任何潜在的参与者在加入之前要进行身份识别。 这个共识算法是为 Hyperledger 上的 Sawtooth Lake 项目开发的，它旨在在计算机中央处理器的安全区域［称为可信执行环境（TEE）］中运行。 PoET 利用 TEE 的安全性为每个交易加上时间戳来证明时间已经流逝。

PoET 的"抽奖"系统可从验证节点池中随机选择一个节点，节点被选择的概率与该节点为该区块链贡献的算力一致。

PoET 允许你控制共识过程的成本，非常适合内部项目或所有参与者都已经通过认证的项目，它可以用于构建去中心化应用程序。

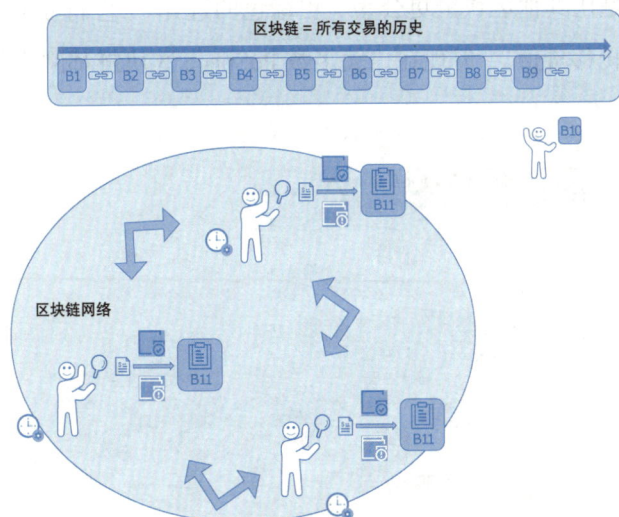

图 19 消逝时间证明

优点：

■维护成本低；

■可扩展性强。

缺点：

■需要专有硬件；

■必须了解网络中的参与者。

PoET 被 Hyperledger-Sawtooth Lake 项目采用。

3.6　容量证明和空间证明

空间证明（PoSpace）和容量证明（PoC）区块链通常属于协作共识，处理交易的节点（可以称为"农民"）需要分配大量的内存或磁盘空间。这种共识的好处在于，几乎任何人都可以成为"农民"，这样可以使网络更加分散。空间证明和工作证明之间的主要区别有两个，一个区别是，你不需要使用计算能力来竞争出块权，而是使用剩余的内存。

另一个重要区别是，"农民"没有为夺得出块权而竞争。PoSpace 是一种绿色且可扩展的共识，与 PoS（权益证明）类似，但无须拥有或持有加密货币，你可以使用已经拥有和当前未使用的资源。PoSpace 区块链可能是比其他区块链更公平、更绿色的选择。它们可用于构建应用程序并转移价值。但现在，大多数 PoSpace 区块链都刚刚起步，尚

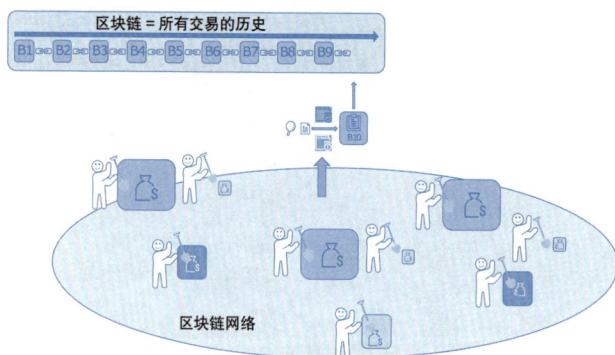

图 20 容量证明和空间证明

未经过公众严格的测试。

优点：

■使用浪费的硬件空间；

■环保。

缺点：

■刚刚起步，未经验证。

PoSpace 和 PoC 被 Burstcoin、Chia 和 SpaceMint 使用。

3.7 烧毁证明

大多数"烧毁证明"（Proof of Burn）系统都属于非竞争性共识算法。交易通常由选定的节点进行验证，这些节点检查是否已支付手续费，用户通过"烧毁"某种加密货币来支付费用。烧毁意味着将加密货币发送到一个永远无法取回的地址。在 Factom 区块链上，此操作使用户能够发布交易，该交易可以涉及任何事物，该技术已被用于保护土地所有权、出生记录和 IoT（物联网）设备上的数据传递等，数据处理的性能以及公开验证数据的能力都得到了提升。

每个系统都有一些不同，值得一提的是如何实现烧毁证明。矿工节点可能会烧毁原生货币或替代链的货币，例如比特币。

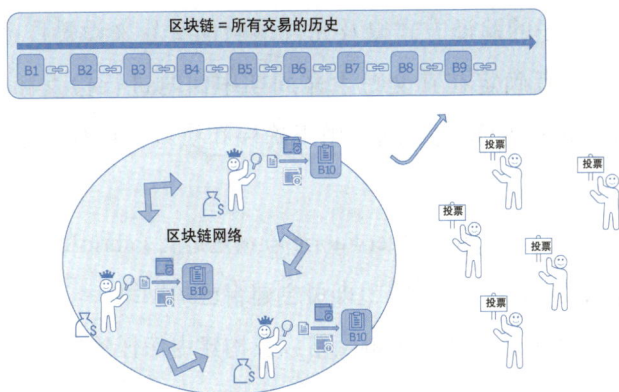

图 21 烧毁证明

优点：

■使用便宜；

■可扩展到所有类型的应用程序。

缺点：

■中心化；

■功能受限。

烧毁证明由 Slimcoin、TGCoin 和 Factom 使用。

3.8 Hyperledger Fabric

Hyperledger Fabric 的共识不仅仅涉及交易顺序，还包括整个交易流程，从提案、背书到发送、验证和确认。Fabric 的共识是对包含在所有区块中交易的正确性进行全方位的验证。

在 Fabric 网络中，验证节点保证交易的有序性，并检查那些需要提交到账本上的交易块。

共识必须确保：

■确认所有交易的正确性；

■关于顺序和正确性的共识，以及区块链的世界状态。

只有当交易的顺序和结果满足规则并经过彻底检查后，才能达成共识。

节点的工作方式略有不同，因为每个应用程序创建者可以围绕自己的应用程序的验证方式以及允许谁验证交易来设置自己的规则。应用程序创建者确定在其交易生命周期中何时进行检查和干预，链码是 Hyperledger 的智能合约，用于确保和执行应用程序创建者设置的政策。

需要指出的是，Hyperledger Fabric 节点是运行 Fabric 的 Docker 容器，不需要专门的设备，只需计算机即可创建自己的网络。

Fabric 非常适合创建私有链网络以及构建由信任的参与方使用的应用程序。

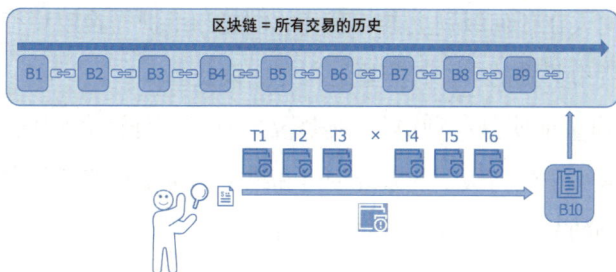

图 22 Hyperledger Fabric 共识

优点：

■使用便宜；

■可扩展到所有类型的应用程序。

缺点：

■完全中心化。

3.9　小结

共识算法不仅对每个区块链的功能至关重要，而且还决定了网络结构，它决定了进行有效交易的方式以及允许挖矿和维护网络的人。每个区块链的网络结构都略有不同，本章仅涵盖了目前正在测试的数十个网络结构中的几个。

了解现有的不同类型的共识算法以及它们之间的差异是很有必要的，因为它们会极大地影响基于这些共识算法的应用程序，证明机制是所有区块链最根本的基础设施。理解这些证明机制的特性同样重要，因为它们与延迟、完整性和适用性方面的需求有关。

共识算法可能让交易无须手续费但不安全，也可能使交易非常安全但执行起来很慢。了解这些方案将帮助你做出明智的决策，决定哪种区块链最符合你的需求。

3.10　本章小测验

1. 什么是工作量证明？

A. 工作量证明是一种竞争性共识算法，在公有链网络中很常见。

它允许任何人在任何级别上参与系统的创建和维护，希望具有竞争力并获得加密货币奖励的节点将需要运行专用设备。

B. 工作量证明是一种协作共识算法，在私有链网络中很常见。它允许任何人参与任何级别的系统创建和维护，希望具有竞争力并获得加密货币奖励的节点将需要运行专用设备。

C. 工作量证明是一种竞争性共识算法，并且是支持大量验证者节点的网络结构。验证者节点由系统用户选举，用户将资金抵押给他们选择的验证者。如果一个节点赢得选举，他们被授予处理交易的权利。

D. 工作量证明是一种协作共识算法，已在公有链网络中流行。它允许任何人都可以参与任何级别的网络创建和维护，只要节点运营商拥有所需的最低数量的加密货币，他们就可以处理网络交易。

2. 工作量证明区块链的网络结构是怎样的？

A. 工作量证明区块链的网络结构支持非常小的集中式节点池，节点协作以验证交易并解决复杂的数学难题，节点独立于它们处理的交易，并通过收取挖矿奖励和交易费用，由网络补偿节点处理交易所涉及的工作。

B. 工作量证明区块链具有支持相互依赖的节点的网络结构，节点将其所有加密货币放入池中，然后被授予在其池中处理交易的权利。如果他们不遵守网络规则，就会被踢出去。

C. 工作量证明区块链具有多种网络结构，并且非常灵活。每个应用程序创建者都设置自己的验证规则，并允许选择节点验证交易。

D. 工作量证明区块链具有支持大量独立节点的网络结构，节点竞争以验证交易并解决复杂的数学难题。节点独立于它们处理的交易，并通过处理与交易有关的工作获取挖矿奖励和交易费用等网络补偿。

3. 什么是权益证明？

A. 权益证明是一种竞争性共识算法，在私有链网络中正变得越来越流行。它允许任何人参与任何级别的网络创建和维护，只要节点运营商拥有所需的最低数量的加密货币，他们就可以处理网络交易。

B.权益证明是一种协作共识算法，在公有链网络中正变得越来越流行。它允许少数人在任何级别上参与网络的创建和维护，只要节点运营商拥有所需的最低数量的加密货币，他们就可以处理网络交易。

C.权益证明是一种竞争性共识算法，已在公有链网络中流行。它允许任何人参与任何级别的网络创建和维护，只要节点运营商拥有所需的最低数量的加密货币，他们就可以处理网络交易。

D.权益证明是一种协作共识算法，在公有链网络中正变得越来越流行。它允许任何人参与任何级别的网络创建和维护，只要节点运营商拥有所需的最低数量的加密货币，他们就可以处理网络交易。

4. 权益证明的网络结构是什么？

A.权益证明具有支持相互依赖的节点的网络结构，节点将其所有加密货币放入池中，然后被授予在其池中处理交易的权利。如果他们不遵守网络规则，就会被踢出去。

B.权益证明具有支持大量独立节点池的网络结构，节点"抵押"加密货币到一个池中，然后被授予处理交易的权利。如果他们不遵守网络规则，将没收他们已抵押的加密货币。

C.权益证明具有支持大量独立节点的网络结构，节点汇集其加密货币，然后被授予处理交易的权利。如果他们不遵守网络规则，将没收他们已抵押的加密货币。

D.权益证明具有支持几个相互依赖的节点的网络结构，节点"抵押"加密货币到一个池中，然后被授予处理交易的权利。如果他们不遵守网络规则，将没收他们已抵押的加密货币。

5. 什么是委托权益证明？

A.委托权益证明具有支持大量独立节点的网络结构，节点竞争以验证交易并解决复杂的数学难题。节点独立于它们处理的交易，并通过处理交易获取挖矿奖励和交易费用等网络补偿。

B.委托权益证明是一种在公有链网络中不常见的共识算法，它仅允许几个专用节点参与网络的创建和维护。

C. 委托权益证明是一种在公有链网络中不常见的共识算法，它仅允许数千个节点参与网络的创建和维护。

D. 委托权益证明是一种在公有链网络中很常见的共识算法，它仅允许几个专用节点参与网络的创建和维护。

6. 委托权益证明的网络结构是什么？

A. 委托权益证明具有支持少量验证节点的网络结构，验证者节点由系统随机选择，用户将资金抵押给他们选择的验证者。

B. 委托权益证明具有支持大量验证者节点的网络结构，验证者节点由系统用户选举，用户将资金抵押给他们选择的验证者。如果一个节点赢得选举，他将被授予处理交易的权利。

C. 委托权益证明的网络结构支持一小部分验证者节点，验证者节点由系统用户选举，用户将资金抵押给他们选择的验证者。如果一个节点赢得选举，他将被授予处理交易的权利。

D. 委托权益证明支持多种结构，每个应用程序创建者都能设置自己的验证规则，并允许选择节点验证交易。

7. 什么是权威证明？

A. 权威证明是测试网络使用的共识算法，它允许用户以很少甚至没有成本的方式模拟生产区块链。

B. 权威证明是政府使用的共识算法，它允许几乎无须成本地创建分布式的区块链。

C. 权威证明是一种支持一小部分验证者节点的共识算法，验证者节点由系统用户选举，用户将资金抵押给他们选择的验证者。如果一个节点赢得选举，他被授予处理交易的权利。

D. 权威证明是一种共识算法，该算法使用计算机中央处理器的安全区域（称为可信执行环境）通过为每个事物加上时间戳来证明时间已经流逝。

8. 什么是消逝时间证明？

A. 消逝时间证明是一种支持一小部分验证者节点的共识算法结构。

B. 消逝时间证明是测试网络使用的共识算法, 它允许用户以很少甚至没有成本的方式模拟生产区块链。

C. 消逝时间证明是一种共识算法, 它使用节点的可信执行环境, 通过为每个块加上时间戳来证明时间已经流逝。

D. 消逝时间证明是一种共识算法, 该算法使用计算机中央处理器的安全区域 (称为可信执行环境) 通过为每个事物加上时间戳来证明时间已经流逝。

9. 什么是容量证明?

A. 容量证明是一种竞争性共识算法, 几乎每个人都可以利用未使用的内存成为"农民"。

B. 容量证明是一种共识算法, 允许少数人利用他们未使用的内存成为"农民"。

C. 容量证明是一种协作共识算法, 几乎每个人都可以利用未使用的内存成为"农民"。

D. 容量证明是一种协作共识算法, 几乎任何人都可以挖矿并赢得奖励。

10. Hyperledger Fabric 的网络结构是什么?

A.Hyperledger Fabric 支持多种结构, 每个应用程序创建者都设置自己的验证规则以及选择谁可以验证交易。

B.Hyperledger Fabric 支持工作量证明, 应用程序创建者设置自己的交易可以被多少个节点处理。

C.Hyperledger Fabric 支持权益证明, 应用程序创建者设置自己的验证规则, 并选择谁可以验证交易。

D.Hyperledger Fabric 支持多种结构, Fabric 设置验证规则以及允许谁验证交易的规则。

第**4**章
关键区块链网络和技术

首先把区块链网络的概念分成两部分——区块链和网络，并分别对二者进行定义，以便更好地理解。区块链是一个公开的、被广泛复制的记录，记录了区块链上曾经发生的所有交易。这个记录通常被称为账本，就像一个商人用来记录销售和库存的东西。区块链的账本是自该区块链创建到现在所发生的事件和交易的记录。这个记录是不断增长的。当新的交易发生时，它们会被写入记录，并被复制、验证和打上时间戳。

例如，当你给你的朋友玛丽发送比特币时，该交易记录就会被录入比特币区块链。交易记录可以让网络知道，曾经分配给你的地址的比特币，现在已经分配给玛丽的比特币地址。

你的交易记录分布在一个计算机网络中，每个计算机都拥有比特币的完整交易记录。计算机的数量每时每刻都在变化，因为每台被称为节点的计算机都是独立运行的。比特币通常有 1 万个甚至更多的节点，但一个区块链网络只需要两个节点。

更新交易记录的计算机越多越好，这些计算机相互竞争以保持记录的更新。

一个简单的思路是，区块链网络的节点越多，网络越安全，但这种安全是要付出高昂成本的。一方面，需要权衡参与的计算机数量，数量越多，安全地完成一次记录的时间就越长；另一方面，需要权衡每台计算机在网络中竞争的难度大小，难度越大，节点需消耗越多的电力来保证网络的安全，而这是要花钱的。

区块链网络没有中央服务器来协调和促成计算机之间的通信。它是一个点对点的网络，每个节点直接与其他节点进行通信。所有的计算机都在一个共享的规则集上运行，这套规则让它们知道如何更新交易并与其他节点协作。构成协作的一个重要部分是对记录的当前和过去状态达成共识。它们必须就交易的有效性达成一致。在上面的例子中，你给你的朋友玛丽发送了一些比特币，需要比特币网络上至少 51% 的计算机同意你的交易。网络上关于历史记录的一致意见就叫作共识。

每个节点都有一个完整的历史记录是至关重要的，这使它可以确定每一枚货币的所属都是准确的，并且没有发生欺诈行为。当一台新的计算机加入系统后，它首先要做的是从其中一个对等节点获取最新的副本。

然而，这并不是区块链网络神奇的地方。真正神奇的是当账本需要更新时，网络上所有节点的副本都必须同步更新，且多数节点对此交易达成共识才能记入账本，这类更新操作时刻都在发生。

除了记录你给朋友玛丽发送了一些比特币这样的交易，区块链网络的功能也在不断丰富。为了吸引不同的用户，每种区块链协议都做了修改和定制。有些网络提高了速度，减少了容纳的节点数量，因此用户可以更快地确认交易。有些网络则扩充了它们的功能，以支持简单的网站、游戏平台和智能合约等。这些区块链应用被称为去中心化应用（DApp）。

区块链可以存储和处理这些应用程序收集和生成的数据，其工作方式很像你最喜欢的手机应用程序背后的服务器。但有一点非常重要：区块链的设计旨在永久存储信息，以证明自己的历史。所以，DApp产生的任何信息，想要储存在区块链上都需要付出较高的成本。

4.1 区块链网络的发展历程

区块链网络是多种技术演进的产物,这些技术已经存在了很长时间,有些已经有数千年。区块链网络创新的基础组件包括密码学、点对点网络、工作量证明和数字签名。

从古代美索不达米亚、希腊和埃及开始,密码学就已经成为人类社会的一部分,换句话说,它已经有 3000 多年的历史了。但是,随着时间的推移,具体的形式和方法在不断变化。大多数区块链网络中使用的公钥和私钥或非对称加密技术是在 20 世纪 60 年代发明的,并被广泛应用于互联网的其他领域。

同时,大卫·乔姆(David Chaum)在 1983 年发表的一篇学术论文中首次提出盲数字签名。大卫·乔姆因 1989 年创立了 Digicash 公司而闻名,这家公司推出了最早的电子现金。乔姆发现的双花问题反映在所有的区块链中,并且他于 2017 年创立了 Elixxir 区块链网络。

工作量证明(PoW)是点对点网络上的计算机如何就共享账本的状态形成共识的一个关键组成部分,最早在 1992 年发表的一篇题为《通过处理或打击垃圾邮件进行定价》的学术论文中出现。论文的作者是计算机科学家辛西娅·德沃克(Cynthia Dwork)和摩尼·纳欧尔(Moni Naor)。

后来在 1997 年,英国密码学家亚当·贝克(Adam Back)开发了哈希现金(Hashcash),这是一个工作量证明系统,有助于限制垃圾电子邮件。亚当·贝克目前是 Blockstream 的联合创始人,这家公司汇集了许多比特币的核心开发者,为区块链网络构建扩展解决方案。同时,点对点网络从互联网诞生初期就开始使用。互联网本身就是一个庞大的点对点网络。

2008 年 10 月 31 日,中本聪在密码朋克(Cypherpunk)邮件列表上发表了题为《比特币:一种点对点的电子现金系统》的白皮书。密码朋克是一个成立于 20 世纪 80 年代末的论坛,旨在倡导使用包括密码学在内的技术,通过推翻政府和大公司的"暴政",建立更加开放和自由的社会。密码朋克运动的一些积极参与者包括大卫·乔姆和维基解密创始人朱利安·阿桑奇（Julian Assange）。

在白皮书中，中本聪描述了第一个区块链网络的工作方式。2009年1月3日，中本聪推出了第一个区块链网络——比特币。这是一项全新的服务，但构建它的技术模块已经使用了很长时间。现在有成千上万的区块链网络。有些看起来与比特币非常相似，如莱特币（Litecoin）和比特币现金（Bitcoin Cash），而另一些如 Ethereum、Hyperledger 和 EOS 则非常不同，它们承载了大量的 DApp。

区块链技术已经取得了长足的发展。在德勤的《2019 年全球区块链调查报告：区块链进入商业》一文中，对包括巴西、加拿大、中国、德国、以色列、卢森堡、新加坡、瑞士、阿联酋、英国和美国等 11 个国家的 1386 名高级管理人员进行了采访，其中 53% 的高管表示，区块链技术是他们公司 2019 年的重要优先事项。在这些公司中，有许多精心设计的试点项目已经显示出区块链的实用价值和产业化能力。

4.2 区块链网络的主要挑战

困扰区块链行业的一个关键问题是成千上万的项目缺乏所需的技术和开发人才。鉴于该技术相对较新和其分布式所带来的独特挑战，寻找优秀的人才一直很难。由于该领域内优秀的开发者不多，许多项目没有足够的人才来实现他们的宏伟构想，同时许多项目还面临着安全风险和糟糕的设计和执行。

区块链技术的主要用例之一是数字身份和价值转移。银行和消费者身份是高度监管的领域。监管限制了支付和身份认证软件开发方面的创新，这既是好事也是坏事。

区块链正在做一些以前无法想象或没有实现的事情，这项技术可能会像过去 30 年的互联网一样重塑社会。然而，一些政府的反应是严厉的，以保护现状不受破坏。一些国家已经禁止加密货币在其境内流通。这些国家包括中国、俄罗斯、越南和玻利维亚。其他一些国家则让区块链网络上的资产难以交易。

区块链网络正在努力解决的另一个问题是它们与其他区块链的交互性。大多数区块链开发的开源性质意味着它们没有组织协调或标准。现在许多大学正在努力创建术语标准和开发最佳实践。

互联网之所以成功，是因为早期就存在的不同利益相关者之间的合作。像互联网名称与数字地址分配机构（ICANN）和互联网工程任务组（IETF）这样的机构，就是为了帮助不同的项目进行有效的合作和衔接而成立的。得益于此，当你发送一封邮件时，相应协议［互联网消息访问协议（IMAP）］可以让它跨越不同的平台到达收件人手中。目前区块链网络缺乏类似的可工作接口协议。

4.3 深入比特币

比特币是第一个区块链网络。它有助于促进价值在互联网上以比特币的形式流动和存储。每个比特币都是一个自我认证的数据包，每个数字单位都记录在一个名为比特币区块链的共享账本上。必须指出的是，首字母 B 大写的比特币是用来指区块链网络，而首字母 b 小写的比特币则是指其平台的通证。

比特币是一种加密货币，因为它的价值是通过加密技术来保证的。比特币的数量有一个上限，为 2100 万枚。新比特币通过作为对保障网络安全和处理交易的节点的奖励进入流通领域。这些节点被称为矿工。

新比特币产生的速度在协议中已定义。大约每隔 10 分钟，新的比特币就会释放给网络上的一个矿工，被称为区块奖励。作为奖励的比特币数量每隔几年就会减少一半。在写这本书的时候，每 10 分钟释放的数量是 12.5 个比特币。当达到 2100 万时，也就是 2140 年的某一天，将不再有新的比特币出现。

比特币网络从每笔交易中抽取少量费用。最初，发送者是自愿给费用的。那些提供费用的人的交易确认速度更快，但最后，即使是那些没有提供费用的交易，也会被网络批准并添加到分布式账本上。然而，随着挖矿奖励的缩水，为了让交易得到处理，交易费变得很有必要。

矿工获得比特币作为维护共享账本的奖励，然后出售给其他人。要接收、存储或发送比特币，你需要有一个钱包。钱包是你安装在桌面或手机上的应用程序。但这里的问题是，基于网络的钱包往往不太安全。更安全的选择是硬件钱包，它是一种专门为保护加密货币安全而设计的设备。

比特币全球推广面临的最大挑战

公有链面临的最大挑战之一是其加密货币的价格波动性。这种波动性会影响到愿意运营独立节点和保障网络安全交易的人数。如果节点运营商不能从他们的工作中获利，他们将转向其他活动。不能够吸引和留住足够多的全节点的区块链很容易受到攻击和腐败[1]的影响。

虚假的负面新闻也是采用区块链的一大障碍。尽管美国反洗钱团队表示，"美元仍然是最好的洗钱方式"，但加密货币在很大程度上与"丝绸之路"（一个黑暗的在线市场）和资助不法活动等非法活动有关。讽刺的是，加密货币为任何货币的交易都提供了最好的视线，虽然一些功能可能看起来是匿名的，但很大程度上是可以从网络中挖出身份的。

换句话说，匿名的前提就是错的。从早期开始，比特币和其他区块链就被主流媒体负面报道。主流媒体将其描述为犯罪分子和其他不良分子的工具，他们希望在执法部门面前隐藏自己的金融活动。因此，受错误信息影响的监管机构试图让加密货币难以获取，并将一些用户关进监狱。

另一类负面媒体则不断宣扬加密货币的失败和死亡。这类媒体煽动了加密货币市场内部的恐慌情绪，并引发了大规模的抛售。虽然很难衡量其程度，但很多觉得比特币令人兴奋甚至有用的人，在开始探索比特币的潜力之前，就已经忽视它了。一个名为"比特币讣告"的网页[2]一直在追踪主流媒体宣布比特币死亡或即将死亡的次数。据该网页显示，

---

[1]　Blockchains that can attract and retain enough full nodes are vulnerable to attacks and corruption. 原文描述有问题，显然是不容易被攻击。

[2]　https://99bitcoins.com/bitcoin-obituaries

2010 年至 2019 年期间，媒体宣布比特币死亡的次数接近 400 次。

随着人们对区块链技术的运作方式有了更多的了解，主流媒体开始提供更多的有利报道。但比特币仍然是一个禁忌的话题，经常与犯罪活动联系在一起。一些人承认区块链技术的有用性，但对加密货币仍存有负面的印象。

然而，媒体并不完全是加密货币被负面报道的罪魁祸首。大量利用比特币以某种方式窃取公众利益的骗局给加密货币带来了不好的名声，同时该领域内的黑客也给它增加了负面声誉。2019 年 5 月初，总部位于中国香港的交易所 Bitfinex 被曝出为了掩盖 8.5 亿美元的损失，利用其稳定币 Tether（一种与美元挂钩的通证）的账户秘密弥补了这一缺口。更普遍的是，仅在 2018 年，不良行为者就从投资者手中偷走了价值 17 亿美元的加密货币。

公有链，尤其是比特币，面临的另一个关键问题是可扩展性。当比特币网络在 2009 年 1 月推出时，它可以每秒处理和确认大约 7 笔交易。在早期，这已经足够了，不存在任何问题。然而，随着越来越多的人开始使用比特币，1MB 的区块容量在新用户数量下显得捉襟见肘，很快 mempools（一个节点存放所有待处理交易的区域）就被备份了好几天。近乎即时的交易时间停滞不前，使用比特币的平均交易成本在 2017 年飙升至每笔超过 50 美元。

随着隔离见证（SegWit）和闪电网络（Lightning Network）等扩展解决方案的使用，情况有所改善。然而，展望未来，这个问题还没有完全得到解决。信用卡公司 Visa 每秒可以处理超过 65000 笔交易。如果比特币网络要作为一种全球交易手段进行竞争，它必须处理几乎同样多的交易。

在维护和改进核心软件的开源社区内，扩展比特币已经变成了一个非常有争议的话题。在 2017 年达到了高潮，当时社区分成了对立的两派。事实上，它的争议之大，以至于被形容为一场内战。一方推动区块大小增加至 1MB 以上，另一方则争取保持大小不变。他们希望减少每笔交易的数据量，被称为隔离见证。隔离见证是一种链外扩容解决方案，它利用一个辅助层，在闪电网络上处理交易。

　　由于比特币不是一家具有决策或治理结构的公司，因此很难就如何利用现有方案进行扩展达成一致意见。2017 年 8 月 1 日，比特币网络分裂成比特币和比特币现金。那些不希望增加区块大小的人留在了比特币（BTC），而那些喜欢更大区块的人则站在比特币现金（BCH）的背后。即使比特币网络目前可以处理它所收到的交易数量，但如果要与传统支付网络竞争，它仍然需要改进。如果它不能扩大规模，那么可能永远不会被大规模地应用。

主要的比特币贡献者

　　比特币是一个由用户社区运营的项目。比特币区块链的第一个核心开发者是中本聪，在项目启动后的几个月内，仅有他独立运作。随后，加文·安德尔森（Gavin Andresen）等人也加入了他的行列。当中本聪在 2010 年离开该项目时，他任命安德尔森为继任的核心维护者。

　　到 2019 年 5 月，Bitcoin.org 上列出了超过 350 名比特币核心贡献者。他们中的大多数都为项目贡献了一些代码。然而，碰巧的是，根据他们所贡献的提交数量，前三名比特币核心开发人员在三大实体的资助下，全职从事比特币项目。

　　任何具有编码技能和伟大想法的人都可以为项目做出贡献，并帮助比特币变得更好。要做到这一点，就必须写一份比特币改进提案（BIP），并将其发布给社区进行审核。然后，他们应该主导编写必要的代码来实现改变。如果社区的大多数人认为这是一个有用的改变，那么它就会被添加到下一个版本的比特币核心软件中。根据 Github 上的提交情况，以下是三位顶级的比特币核心开发者。

　　弗拉基米尔·范德兰（Wladimir J. van der Laan）是 Github 上比特币项目提交次数最多的人，超过 6000 次。他在 2014 年 4 月接替安德尔森成为首席开发者。他的职责是合并社区已经同意的核心软件的补丁和其他改动。他由麻省理工学院媒体实验室（MIT Media Lab）

下的项目——数字货币计划（DCI）资助。麻省理工学院媒体实验室是麻省理工学院的一个研究实验室，2016年数字货币计划宣布为此设立90万美元的比特币开发者基金。

马可·法尔克（Marco Falke）作为比特币核心开发的主要质量保证和软件测试人员，发挥了重要作用。他在Github上的项目提交次数位居第二，超过1700次（2019年）。马可开始是以比特币志愿者的身份工作，此后转到纽约Chaincode实验室工作，继续从事比特币项目。

到2019年，彼得·乌耶尔（Pieter Wuille）已经为Github上的比特币项目贡献了超过1600次提交。2011年，在发现比特币一年后，他开始作为一名志愿核心开发者工作。他已经成为资源最丰富的贡献者之一。他的一些贡献包括隔离见证，这是一个扩展解决方案，它可以修改进入比特币区块的每笔交易的数据，以此为更多的交易创造空间。彼得还被认为实现了分层确定性钱包，它可以自动生成新的公钥地址，使比特币用户更容易避免过度使用他们的公钥和泄露他们的隐私。

4.4 超级账本

Hyperledger是一个支持若干区块链倡议的项目，包括Hyperledger Fabric。从Linux基金会拆分出Hyperledger帮助区块链技术引入标准，以满足企业和政府的独特需求。其核心重点是促进企业级和开源"分布式账本"框架和代码库的发展。

分布式账本技术（DLT）被归入区块链技术范畴，但有三点根本性的区别值得注意。这三点分别是：

1. 没有加密货币——没有加密货币意味着交易必须由有激励的节点来处理，因为这些节点与维护其网络和处理的交易有利益关系。

2. 节点是已知的——分布式账本是由相互了解并选择合作的节点运行的。网络是私有的，要操作一个节点必须获得明确的许可。

3. 开发是有指导性的——由Hyperledger基金会领导，开发是有指导性的。与比特币不同的是，比特币的开发贡献是自愿的，而非经过组织指导的。

Hyperledger 的网络是私有的，但是是开源的，所以你可以应用到自己的 DLT。它属于私有区块链的范畴，被称为许可区块链。要加入一个私有或许可的区块链网络，一个实体必须获得管理员的许可。这与公有链网络相反，你不需要任何人的许可就可以加入，因为公有链网络没有管理员。Hyperledger 直接管理其开发和维护。

Hyperledger 是由 Linux 基金会于 2015 年 12 月推出的一个联盟项目。基金会与多家顶级科技公司和金融机构合作启动了该项目。创始成员包括 IBM、英特尔、思科、富士通、日立、摩根大通和富国银行等重量级企业。此后，更多的成员加入了该联盟，目前有近 300 名成员。

Fabric 是第一个在 Hyperledger 上实现的区块链。它已经成为开发许多商业解决方案的框架，并且在区块链生态系统中是独一无二的，因为它允许开发人员使用 Fabric 的部分功能，而无须承诺使用完整的区块链功能。Fabric 是一个许可的区块链，并没有利用加密货币。它可以作为一个量身定制的即插即用的区块链私下运行，是完全中心化的。它砍掉了大部分区块链用于防止串通的安全功能，这并不总是一件坏事。它取决于你的开发目标。

Fabric 上的所有参与者都是已知的，与典型的公有链相比，所有参与者默认都是匿名的。它的工作原理与大多数区块链一样，它保存着一个数字"事件"的账本。这些事件被结构化为交易，并在不同的参与者之间共享。交易是在没有货币的情况下执行的，这又与公有链形成了鲜明的对比，公有链使用其原生货币来支付网络运行费用。挖矿节点被激励去保护网络安全，并因此获得加密货币的奖励。在 Fabric 上，每个节点都由个人运行，他们有动力保护记录和历史，因为这是他们自己的需求，而不是因为他们将获得区块奖励。

即使没有典型的区块链基础设施，在 Fabric 上，所有的交易都是安全、私有和保密的。它只允许通过所有参与者节点的共识进行更新，从而保持其完整性。这意味着，当记录被输入后，它们永远不能被更改。

Fabric 是为那些需要和想要一个可扩展的解决方案，并且不想违反合规要求的企业设计的。所有参与者必须通过会员服务注册身份才能进入系统。然而，你可以在 Fabric 上拥有匿名性，因为它可以为你的交易颁发衍生证书，这些证书与拥有证书的参与者是无法关联起来的，而且每笔交易的内容都会被加密，以确保只有特定的参与者才能理解这些数据。

Hyperledger Composer [1] 是一个易用的工具，允许你创建 Fabric 应用。这些应用不具有可扩展性，但可以轻松地用作概念验证（PoC）。它最大的好处是你能够使用 JavaScript 构建你的区块链网络，因为 JavaScript 是世界上最流行的开发语言之一。仅仅这个特性就会大大减少你对专业区块链开发人员的需求。

Composer 将减少开发时间和成本，让你更快地投入生产。Composer 的另一个好处是它利用了 LoopBacks。LoopBacks 将数字数据回传到你现有的业务系统，从而使你的操作保持同步。你仍然需要一个优秀的开发团队来做这件事，但他们可以很容易地模拟你的业务逻辑并建立系统。

4.5 EOS 的委托权益证明（DPoS）

EOS 是为适应智能合约和去中心化应用而建立的区块链平台。EOS 是在 Ethereum 之后成立的，它致力于解决困扰前两波区块链技术的许多限制性因素，即工作证明的高成本和拥有数千个独立全节点处理交易的速度缓慢问题。

虽然 EOS 的许多先行开发者都专注于创建去中心化系统以及低成本地保存每个人都可以访问的永久记录，但 EOS 更以用户为中心。EOS 的开发团队 Block.one 的信念是，区块链技术必须能够支持数以千万计的日活跃用户。他们认为，使用区块链来保护你的应用不应该是昂贵的。他们想要避免的第三方因素是去中心化开发的陷阱。许多区块

[1] 译者注：从 2019 年 8 月 29 日，该项目就已经被标记为弃用。详情见 https://github.com/hyperledger/composer/。

链在每次软件升级或每次出现需要修复的缺陷时，都会发生高度政治化的冲突。比特币和 Ethereum 都曾因为内斗频繁而停滞发展。

EOS 团队创建了一个新的区块链，它具备以下特性：

● 能支持数百万活跃用户；

● 可以免费使用；

● 具有快速升级和错误恢复能力；

● 具有低延迟性。

这些核心信念极大地塑造了 EOS 的结构。EOS 的主要特点是其共识架构。它使用了委托权益证明（DPoS）。委托权益证明是利益证明的一种变体，一直以来都引起激烈的争论。一些开发者认为委托权益证明在安全性上对可扩展性和降低成本有一个合理的权衡，而另一些开发者则认为，基于一个可以被所有人查阅的永久记录，区块链技术应该尽可能安全和不可改变，以保护系统的本质。

在 EOS 的委托权益证明共识架构中，货币持有者投票选出负责验证交易的代表，他们可以通过工作赚取交易费。当选的第三方区块生产者为整个网络创建新的区块并验证交易。EOS 将执行这一动作的节点数量集中到 21 个。这样做，可以提高网络的速度。EOS 区块链的安全性和完整性是有问题的，这不仅是因为生产区块的节点数量有限，而且因为并不是所有的节点都需要持有 EOS 区块链的完整历史记录，少数不良行为者可能会串通并支持相互投票。

在委托权益证明下，不诚实的区块生产者会被通证持有人清除。EOS 加密货币持有者通过投票来完成这项工作，他们的权力与他们持有的总通证的百分比成正比。区块生产节点不需要自己押注通证，这是与其他股权证明共识架构的区别，后者要求区块生产节点押注自己的加密货币，以此来抑制欺诈行为。在大多数权益证明的系统中，如果区块生产者处理的交易不符合该区块链的规则，就会失去他们的押注资产。加密货币的持有者不会因为投票而直接获得补偿，但出于对其加密货币价值和完整性的维护，他们会被激励拒绝不良行为者。

EOS 加密货币用于促进智能合约和 DApp 的发展。EOS 的通证经济体系与其他智能合约协议有很大的不同。EOS 加密货币的持有者有权按其持有的加密货币总量比例使用网络的计算和存储能力。用户不需要支付费用来执行他们的智能合约。他们只需要持有足够的与完成他们的智能合约所需的处理和存储量成比例的 EOS 加密货币。

EOS 始于 2017 年的一份白皮书，由一家位于开曼岛的密码公司 Block.one 发布。该团队筹集了大约 700 万个以太币。他们筹集的资金估值达到了创纪录的 40 亿美元。Block.one 团队举行了一个运行时间最长的首次代币发行活动，具有讽刺意味的是，他们以 Ethereum 作为筹集资金的手段。

EOS 团队的创始成员包括布兰登·布鲁默（Brendan Blumer）和丹尼尔·拉里默（Daniel Larimer）。布兰登和丹尼尔都在区块链领域活跃了多年。布兰登创立了中国香港最大的数字地产机构 okay.com。丹尼尔联合创办了多家区块链公司，包括去中心化交易所 BitShares 和社交媒体网络 Steemit。

EOS 自首次代币发行以来已经取得了长足的进步，现在已经跻身世界十大区块链协议之列，是市值最大的协议之一。它做了一些品牌重塑，现在被称为 EOSIO。这次更名对应的是 Block.one 团队发布的新软件。

EOS 获得如此多投资者关注的主要原因之一是，它解决了开发一个强大的 DApp 生态系统的许多问题。虽然 Ethereum 是一种替代方案（许多人会认为是竞争对手），但 EOS 以不同的方式实现了去中心化应用的开发和托管，允许更多的可扩展性、更快的速度和更大的灵活性。人们不需要花费 EOS 币来构建和运行 DApp，只需要持有这些通证就可以。

EOS.io 是一个区块链协议，是一个智能合约操作系统，它以其用户设计而闻名，因为它模拟了计算机的实际属性。投资者认为 EOS 将改变企业的互动方式，其中一种方式是提供去中心化的企业解决方案，可以显著提高生产力。EOS 通证的所有者可以通过区块链对各种问题进行投票，并参与"链上治理"。这使得在做出诸如冻结、特定应用的缺陷修复等关键决策时，可以更加灵活。EOS 还把自己打造成对去中心化应用开发者极为友好的平台。

4.6　Ripple

Ripple 是最令人印象深刻的全球价值转移和交易网络之一。Ripple 成立的理念是，资金应该像信息一样自由、便捷地流动，它的成本低，安全性高，是全球价值交易和交换的快捷方式。它的基础设施正在作为新的现代银行和交易的框架来实施。

不管你信不信，Ripple 出现得比比特币更早。该项目经历了多次迭代，但最初的实现是由加拿大开发者瑞安·富格（Ryan Fugger）在 2004 年设计的。瑞安设计的第一次迭代是一个去中心化的货币系统，允许个人和社区建立自己的货币。

Ripple 已经发展成为一个全球金融结算解决方案，使银行和消费者能够进行价值交换。与比特币类似，Ripple 协议通过允许用户直接和即时交易，降低了结算的总成本。它建立在一个分布式的开源互联网协议上，利用共识账本，并拥有一种名为 ripple（XRP）的原生货币。与公有链不同，不是每个人都可以参与进来，Ripple 上验证交易的节点受到严格控制。XRP 是一次性创建的，并不是通过挖矿区块创建的。

Ripple 的分布式金融技术使用户能够在其网络上进行实时国际支付。利用 Ripple，全球市场可以满足快速、低成本、按需综合支付服务的需求。

Ripple 特别擅长跨境支付和交换两种不同价值的东西。它建立了一个由金融机构、做市商和消费者组成的全球网络，现在他们可以在世界上任何地方即时交易任何类型的价值。

由于 Ripple 对银行业造成了破坏，它不得不与监管机构打了几场仗。金融犯罪执法网络（FinCEN）对 Ripple 违反保密法的行为罚款 70 万美元。罚款的原因是向著名的比特币投资者罗杰·弗埃尔（Roger Ver）出售 XRP，并且没有提交可疑活动报告，因为罗杰曾因在 eBay 上出售烟花而被判重罪。

关于 Ripple 最恰当的描述是作为一个交换网络和一个具有区块链后台的交易平台。大多数区块链在不知道其他用户身份的情况下运行，而 Ripple 则可以控制谁可以访问他们的区块链。在 Ripple 网络上有两种主要的交互方式。一种方式是该系统的金融用户通过发行、接受和交易资产来参与，以促进支付；另一种方式是作为节点运营商参与。Ripple 只允许少数节点存在，而且运营商的身份都是已知的。节点会跟踪交易，并与网络中的其他节点就这些交易的有效性和顺序达成共识。

与比特币不同的是，比特币不需要用户认识或信任网络上的其他个人，而 Ripple 的整个基础设施则要求各方在一定程度上相互认识和信任。一个金融参与者必须信任它所持有的资产的发行人，一个节点运营商必须信任它的验证者名单中的其他节点不会串通起来阻止有效交易的确认。这就是信任和一致的合作激励。

XRP 是 Ripple 网络的加密货币，它有一个其他加密货币不具备的附加功能。它可以用于促进两个价值相异的事物之间的交易，这些事物的交易量很低，在 Ripple 网络上没有可信路径。在节点、网络和金融参与者之间，Ripple 构建了优化全球现代支付流程和交换的基础设施。

Ripple 一直在通过软件取代一些中央银行的功能。它作为一个中立的交易协议，允许银行和支付网络拥有一个共享的账本，以确保能够在 5 秒钟内完成交易。它给用户之间提供了连续的连接，而且它对整个网络的交易流有持续的监控。

这项技术令银行非常兴奋，因为它使银行能够从中介机构和票据交换所转向一个更快、更便宜、风险更低的系统。通过消除对纸张和中介的需求，银行大大加快了跨境支付的进程。

Ripple 的主要特点：

● 实时支付；

● 全面地交易追踪；

● 近乎即时地对账；

● 具有转换几乎所有类型的货币、商品或通证的能力。

要知道，Ripple 与比特币在结构和网络运行方式上有很大的不同。Ripple 找到了最有效的交换途径，将交易结构化为债权，并将瑞波币用作在 Ripple 网络上交易的不同价值类型之间的交换中介。

一个主要的区别是，Ripple 是关于信任的，而在大多数情况下，其他区块链是关于去信任系统的。在比特币中，任何两方都可以互相发送比特币通证，然后网络会验证该交易中没有人作弊。比特币平衡每一个交易区块的方式之一，就是检查确保所有涉及的通证只被花掉一次。

另一个重要的区别来自信任，就是 Ripple 不使用工作量证明共识。Ripple 团队已经消除了大多数区块链为保证自身安全所需要的大量电力负担，这样一来，他们使用的电力就大大减少了。去掉这些传统的功能，Ripple 变得更快。

不是一般的区块链

很容易看出，Ripple 的工作方式与其他区块链有很大不同。其中最值得注意的差异是网络如何去中心化和达成共识。

Ripple 中去中心化的本质是微妙的。一个节点可以把它想要的任何其他节点放入它的验证者列表中，以监听这些节点想要确认的交易。唯一的要求是，验证者列表中的每个节点之间有足够的重叠，以使网络不会意外地得出多个不同的共识。

Ripple 现在的管理方式是让每个节点都维护自己的验证者列表，包括 Ripple 的节点，这样可以确保有足够的重叠。随着节点网络的发展，它的名单将包括越来越多的验证者，而这些验证者来自全球知名的值得信赖的独立机构。随着时间的推移，Ripple 的共识过程将变得越来越去中心化。

重要的是要记住，Ripple 是为更快、更便宜地转移资金而生的。这是一个监管非常严格的经济领域。Ripple 明确表示，它仅仅是能够让你执行这些任务的软件。如何使用它完全取决于你是否理解和遵守法规。

Ripple 和其他通过加密货币工作的区块链一样，存在许多潜在的危险。我在下面列出了一些 Ripple 特有的危险。然而，在加密货币世界工作时，最好总是使用常识，并遵循本书中描述的所有其他安全的最佳实践。它确实是充满机遇和风险的"新大陆"。

使用 Ripple 可能存在的危险

如前所述，Ripple 的诞生是为了比其他网络更便宜、更快地在全球范围内转移价值，Ripple 的结构适用于市场集群。这些市场由受信任的节点一起确认交易。这些群组之间有时会有微小的价格差异，而这些价格差异会吸引不道德的交易。

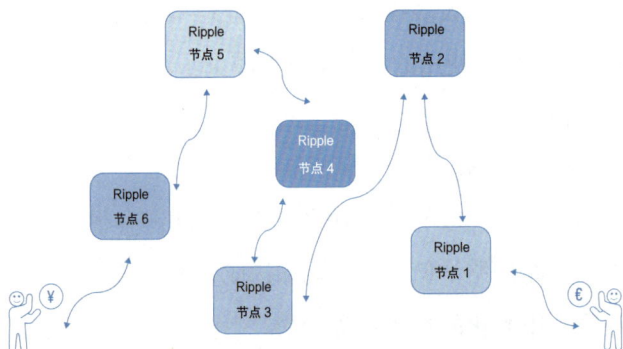

图 23 Ripple——在 Ripple 网络上交换两个有价值的东西

特别是因为 Ripple 网络有很多货币和多个市场，聪明的程序员可以操纵交易的顺序，所以容易出现套利。在 Ripple 上比较有名的两种形式是优势套利交易配售和大额交易前置运行。优势套利交易配售是在账本关闭之前，利用多个市场之间的价格差异进行交易。这种情况每 5 秒就会发生一次，所以交易者利用套利机器人来操控市场。这些机器人会利用市场之间微小的不平衡配对交易的组合，并将其交易推到账本内的最佳位置。然后，交易者通过获取这些市场的价格差来获利。

此外，Ripple 共识中的结构和延迟使网络面临着一种新型的大额交易前置运行的问题。之所以能够做到这一点，是因为网络中的每个节点都会向其他受信任的节点广播交易。在这段时间里,机器人将监控所有交易,以寻找跳到大额交易之前的机会。

机器人会买下最初的报价以实现大额购买,然后将其加价卖给原所有者。同时,它还会在账本中重新设置来完成交易。这种行为的最终结果是,原始所有者将在交易中获得的价值变少了。

Ripple 致力于清除其网络中的漏洞,并公开向程序员提供通过修复漏洞和缺陷来赚钱。上述两个缺陷极有可能很快被修复。

4.7 挖掘 Ethereum 的内涵

Ethereum 是世界上最先进和最容易使用的区块链之一。它为开发者提供了工具,可以构建他们所能想象的任何东西。Ethereum 最强大的用途之一是其智能合约,特别是符合 ERC-20 规则集的智能合约。ERC-20 智能合约在 Ethereum 上允许成千上万的新区块链项目通过首次代币发行获得资金。

Ethereum 是区块链创新的行业领导者。作为一个全球可访问的共享网络,它在不断探索其可能性。Ethereum 是一个完全公开的分布式的区块链,它允许世界上任何一个人,当然没有受到他们的政府限制,在任何级别上参与开发和使用。了解这项技术是非常必要的,因为它在智能合约、去中心化组织和通证发行方面处于领先地位。

Ethereum 简史

Ethereum 从 2013 年开始,它主要是来自俄罗斯的维塔利克·布特林(Vitalik Buterin)撰写的白皮书,当时他只有 19 岁。维塔利克当时在比特币社区担任写手和程序员,希望扩展区块链技术的功能。维塔利克认识到,区块链的应用远远不止是在没有中央权威机构的情况下转移价值的能力。

当时的比特币区块链社区正激烈地争论着第一波去中心化应用浪潮中大量低价值交易所导致的网络"拥塞"。这些应用创造了大量小额交易,且每笔交易都需要通过比特币区块链实现安全保障,这使矿工的负荷不断增加，因为他们需要保存完整的交易记录。矿工们不喜欢这种做法，因为这是对他们的存储征税。一些比特币用户也不喜欢这种做法，因为它增加了他们确认比特币交易的时间和成本。

然而，维塔利克和许多其他开发者认为，去中心化应用将是革命性的。要在比特币上实现这一点，需要进行大规模的代码修改，但其政治色彩太浓，无法改变。维塔利克在比特币上的项目是"彩色币"，他与佩雷尔曼（Or Perelman）等人试图在比特币内建立脚本。然而，交易规模限制了这个项目。

维塔利克和其他一些开发者一起决定：他们需要建立一个新的区块链，主要为应用而设计。维塔利克和他的开发者以及业务团队在 2014 年初成立了 Ethereum 基金会。首次代币发行中他们筹集了 1800 万美元的资金。首次代币发行是否违法引起许多人热议，因为它们是一种未经许可的证券发行，但投资者相信他们对通证的投资会增值。美国证券交易委员会（SEC）批准了 Ethereum 的首次代币发行，但一再强调所有其他希望从公众那里筹集资金的创业者必须注册。

在为 Ethereum 筹集资金后，基金会聘请了一个庞大的开发团队来构建它。他们遣散了大部分的业务团队，被遣散的这群人继续组建了另一家名为 ConsenSys 的公司，在 Ethereum 上构建应用程序。

Ethereum 区块链网络的第一个版本叫作 Frontier，于 2015 年 7 月上线。这是一个简陋的软件版本，很难用来构建应用。Homestead 是 Ethereum 的一个更加人性化的版本，于 2016 年推出。它允许任何有一点编程技能的人利用应用程序模板。正是 Homestead 的发布，促进了更广泛的社区建立和应用发展，提高了区块链技术的知名度。在其发布一年后，区块链领域新的基金会和公司爆炸性增长，这些公司都建立在 Ethereum 上，特别是 ERC-20 智能合约，允许他们通过首次代币发行来筹集资金。

随着 Ethereum 的不断扩张和去中心化的运营和发展，Ethereum 又经历了一次转型。该基金会的思维方式与大多数组织的运作方式不同。

他们认为，要想成功培育一个充满活力的去中心化生态系统，必须刻意运用减法哲学。减法的理念是抵制自我或组织内部成长和积累价值的自然倾向。反过来，一个组织要促进组织外部和整个生态系统的价值创造。

Ethereum Serenity 是目前（2019 年）Ethereum 正在进行的开发的名称。它将包括一系列计划中的升级，使 Ethereum 能够降低复杂性，即使在很大一部分节点离线的情况下也能继续运行。它还允许 Ethereum 在有资源时升级到量子安全代码。Ethereum Serenity 正在努力增加去中心化，允许典型的消费者笔记本电脑处理和验证交易。这些升级已经开始，并将在几年内逐步推出。

其中第一个是 ETH 1.x 计划，该计划专注于提高 Ethereum 的短期可扩展性和可持续性，以缓解向 ETH 2.0 的过渡。这种升级的一个重要部分可能是 ZK-rollup。它是一个零知识证明，以使 Ethereum 能够实现每秒数百笔交易。零知识证明是一种密码学方法，通过这种方法，一方可以向另一方证明他们知道某件事情，而不传达除了价值之外的任何东西。

Ethereum 在其"减法"理念上的另一项努力是对 Ethereum 学术与研究合作组织和 ETHGlobal 的支持。他们在世界各地举办黑客松和研讨会，与斯坦福大学和麻省理工学院共同努力，支持数学家、计算机科学家和经济学家的研究。

数千人的合作和努力使 Ethereum 成为有史以来最复杂的区块链之一。它有几种自己的图灵完备的编程语言。图灵完备意味着一种编程语言可以用来创建你能想象的任何类型的软件。

新的图灵完备编程语言的强大功能允许开发人员创建任何他们想要的应用程序，并且仅受限于 Ethereum 网络的经济性和速度。ETH2.0 的实现将颠覆 Ethereum 现有的成本和速度限制。新的编程语言与 JavaScript 和 Python 等流行的编程语言非常相似。

Ethereum 生态系统是目前构建去中心化应用的最佳场所。所有其他区块链都限制了节点的数量，以降低成本和提高速度。Ethereum 社区致力于创建令人印象深刻的文档和比许多其他区块链更友好的界面。要记住，Ethereum 仍在不断发展中，它可能是一个不稳定的环境，这一点非常重要。许多人可能更喜欢 Ethereum 的私有版本，以此控制去中心化的开发。

即使 Ethereum 是最知名的加密货币之一，许多人认为它甚至有可能在某些时候超越比特币，但事实上，在有关 Ethereum 的合作伙伴关系和规模化应用方面，仍然存在许多挑战。

首先，最重要的是，虽然 Ethereum 可能在许多领域为当前的解决方案提供一个更透明的替代方案，但有些人仍对它质疑。那就是 Ethereum 可能太慢了。当人们考虑到 Ethereum 每秒只能处理 20 笔左右的交易时——当 Visa 等信用卡巨头每秒可以处理数千笔交易时，很难想象它能彻底改变金融行业。有一些人想知道，如果 Ethereum 可能无法像当前的传统系统那样高效地处理交易，那么它如何能够成为革命性的技术。

Ethereum 是最知名的加密货币之一，因此，它面临着来自美国证券交易委员会（SEC）的监管问题。然而，美国证券交易委员会的一位高级官员威廉·辛曼（William Hinman）最近表示，Ethereum 很可能不会因为违反证券规定而被起诉，但目前还没有做出具体决定。美国证券交易委员会主席杰伊·克莱顿（Jay Clayton）似乎同意辛曼的说法，但这并不意味着 Ethereum 一定会摆脱传统的证券监督。

另一个主要问题是 Ethereum 在大规模应用时如何扩展。虽然 Ethereum 目前还不能作为"世界计算机"存在，但有很多人认为，充满活力的开发者社区已经预见到了这个问题，而且各种可扩展性解决方案正在酝酿之中。有的解决方案既关注如何扩展 Ethereum 本身，也关注如何将交易转移到第二层，以提高整体效率。

4.8 Waves——一个俄罗斯区块链平台

Waves 平台是最容易使用的区块链之一。它有一个直观的钱包，内置去中心化的点对点交易所、投票系统、消息和聊天功能，以及去中心化的域名系统。许多区块链具备其中的一两个功能，但 Waves 平台具备所有这些功能。它可以让你开始使用和创建你最前沿的去中心化应用（DApp），只需简单下载和打开。许多人认为，在构建对公共和私有部门都有利的区块链基础设施时，Waves 将成为不可或缺的一部分。

该项目由俄罗斯物理学家萨恰·伊凡诺夫（Sacha Ivanov）于 2016 年创立，已经有了实质性的增长。Waves 当时筹集了约 3 万 BTC，约 1800 万美元，以创建该平台。此后，萨恰已经构建了很大的社区，并声称在 25 个国家拥有 30 万活跃用户。Waves 在俄罗斯拥有一支由 100 名开发人员组成的专业团队，他们正在不断改进平台。

基于 Nxt Proof-of-Stake 协议，Waves 平台是一个完全公开的区块链，它是去中心化的、透明的、可审计的。它不同于其他使用智能合约基础设施的区块链，比如 Ethereum，或者是比特币区块链的分叉链。其中一个关键的区别是，Waves 允许你创建彩色币。当你创建一个彩色币时，你是将信息与地址相关联，而不是创建你为该特定目的而编写的智能合约。彩色币可以用来代表任何你可能想要在区块链上交易的东西，如股票、债券、商品和房地产等。你可以在 Waves 上几分钟内创建自己的彩色币。

必须记住，你可以创建通证和彩色币，但这并不意味着分发它们是合法的，特别是如果它们是一种金融工具或代表一种投资。在创建可能作为金融工具的东西之前，一定要咨询你的法律顾问。

Waves 通过利用现有账户的余额来 "锻造" 区块以确保其网络的安全。该平台不需要节点 "挖掘" 新的区块来赚取加密货币，而是对验证区块的加密货币持有者进行奖励。验证节点被称为 "铁匠"，并获得交易费用而不是区块奖励。权益证明（PoS）算法之所以流行，是因为它的操作成本更低，甚至可以在 Raspberry Pi 这样的小型设备上运行。

了解区块链的共识系统之间的差异是至关重要的。你可能还记得，这些都是管理区块链的一套运作规则。具体来说，许多工作量证明区块链很容易受到 51% 的攻击，其中大部分的算力是由少数人产生的，然后他们可以破坏区块链的历史账本中的记录。权益证明系统，比如 Waves，也有其问题。少数个人有可能积累大部分 Waves 加密货币并接管网络。当你在评估一个区块链时，总是要考虑你的业务所需的成本、速度和安全性。

Waves 的定位很好，它是一个重要的平台，可以实现快速、便捷的资产通证化。2017 年的首次代币发行热潮给很多人留下了关于通证化的坏印象，因为其中有很多欺诈行为。Waves 正在努力改变公众对加密货币市场的看法，通过其 BetterTokens 项目培养对加密领域的信任，提高通证的透明度。他们正在为通证化资产的公司制定尽职调查标准。

Waves 团队正在改善投资者保护和监管合规性。他们的部分工作包括建立一个专家委员会，负责评估通证发行商的项目。那些有资格的人会在 Waves 去中心化交易所（DEX）上得到认可。

Waves 去中心化交易所

Waves 去中心化交易所允许你在钱包的安全保障下交易资产。因为 Waves 钱包支持几种不同类型的加密货币，你可以在 Waves DEX 上交易所有的货币，而不仅仅是 Waves 加密货币和 Waves 彩色币。

Waves DEX 解决了一个阻碍去中心化交易所广泛使用的问题。他们通过将订单簿匹配器中心化来创建实时交易。这使得他们可以更容易地连接买家和卖家。Waves DEX 是中心化和去中心化交易所技术的混合体。它的中心化匹配引擎对传入的订单进行配对，并通常在几毫秒内执行你的交易。相比其他完全集成在区块链内的 DEX，这是它的优势。完全去中心化的交易所依赖于其区块链的区块时间速度，交易成本要高得多。即便如此，流动性可能仍然是一个问题，因为 DEX 没有完整的市场生态系统，如帮助保持价格稳定的做市商。

在 Waves DEX 上，通过创建、签署并向 Waves 匹配器发送有限的订单请求来表明购买或出售资产的意愿。买入订单是指以等于或大于规定的价格购买一定数量的通证。当你创建一个新的订单时，它会被发送到去中心化交易所。然后检查你的订单是否准确，以及你签名的有效性。它由你的钱包的公钥验证。

Waves DEX 上的订单是成对链接的，并由 Waves 节点进行检查。然后，匹配器会创建一个交易所交易；它将在 Waves 区块链上签署并记录交易。你不必执行一个完整的订单，因为匹配器可以配对部分订单。验证节点不会向这些未完成的订单收取完整的订单费用。交易在 Waves 区块链上发布后，你的资产才会被转移。如果匹配器因某种原因失败，你的交易将被取消，所有未完成的订单将在 30 天后自动取消。

Waves 已经进行了一些高调的合作，包括与全球最大的专业金融服务公司之一的德勤会计师事务所的合作。合作的意义在于为机构客户提供首次代币发行方案和定制化的区块链解决方案。

Waves 区块链如果要实现其雄心壮志，确实有很多挑战需要克服。有人担心它过于以俄罗斯为中心，无法在全球范围内发挥其潜力。俄罗斯经济可能是孤立的，这不是什么秘密；其政治一直很激烈。由于 Waves 完全与俄罗斯紧密相连，其许多战略伙伴关系涉及俄罗斯公司而非全球公司，因此它可能无法在其他国家获得吸引力。

4.9 小结

当前已经有数百种区块链和数千个区块链项目，而且这个数字还在与日俱增。本章只介绍了目前最激动人心、最有前途、最受欢迎的计划中的一小部分。

其他在未来值得你关注的举措包括脸书新兴的 Libra 计划[1]。Libra 将是一个建立在已经验证过的工作基础上的私有链。它将包含一种通证，提供完整的编程语言，允许创建 DApp。也许最重要的是，脸书的所有现有客户都有可能加入到 Libra 生态系统中。

未来的经济商业模式和行业正在诞生，这要归功于用于创建区块链

---

[1]　2020 年 12 月份，已经更名为 Diem。

的几种旧技术的融合。最明显的用例是身份、通证化、跨境支付和去中心化应用。这些创新都激发出了各自的新兴行业。而在下一代的区块链技术中，极有可能出现更多的创新和突破性的变化。

4.10 本章小测验

1. 区块链技术的四个主要用例是什么？

A. 区块链技术的四个主要用例：存储、数字身份、价值转移和去中心化应用。

B. 区块链技术的四个主要用例：通证化、数字身份、价值存储和中心化应用。

C. 区块链技术的四个主要用例：通证化、数字身份、价值转移和去中心化应用。

D. 区块链技术的四个主要用例：游戏、欺诈、首次代币发行和应用。

2. 在一些国家交易比特币是否违法？

A. 是

B. 否

3. 第一个区块链网络是什么？

A. 第一个网络是 Ripple。

B. 第一个网络是 Ethereum。

C. 第一个网络是 Waves。

D. 第一个网络是比特币。

4. 比特币有没有进行首次发币？

A. 有

B. 无

5. 使用比特币和发送交易是免费的吗？

A. 是

B. 否

6. Hyperledger 是一种公有链吗？

A. 是

B. 否

7. Hyperledger 挖矿的加密货币名称是什么?

A. Hyperledger 挖矿的是 Hyper。

B. Hyperledger 挖矿的是 HXP。

C. Hyperledger 不使用加密货币。

D. Hyperledger 从比特币、Ethereum 和 Ripple 中挖矿加密货币。

8. EOS 支持哪种类型的共识架构?

A. EOS 的共识架构是委托授权证明(DPoA)。

B. EOS 的共识架构是委托工作量证明(DPoW)。

C. EOS 的共识架构是权益证明(PoS)。

D. EOS 的共识架构是委托权益证明(DPoS)。

9. EOS 有多少个验证节点?

A. EOS 有 11 个专用节点。

B. EOS 有 21 个专用节点。

C. EOS 有 31 个专用节点。

D. EOS 有 51 个专用节点。

10. 在 Ripple 网络上可以挖掘 XRP 吗?

A. 能

B. 不能

11. 什么是 ERC-20?

A. ERC-20 是 Ethereum 网络的通证标准,允许开发者创建可与多个钱包和交易所互通的通证。

B. ERC-20 是 Ethereum 网络的共识算法。

C. ERC-20 是 Ethereum 网络的原生货币。

D. ERC-20 是监督 Ethereum 网络安全产品的监管机构。

12. Ethereum 引入了区块链技术的哪项重大创新?

A. Ethereum 是第一个做首次代币发行,允许成千上万的人使用 ERC-20 通证筹集资金。

B. Ethereum 是第一个区块链。

C. Ethereum 拥有多种图灵完备的编程语言。这一创新允许开发人员在区块链内创建他们想要的任何应用程序。

D. Ethereum 使用多算法方法来挖掘比特币。这一创新让开发者可以更快地保障更多区块的安全。

13. Waves 平台使用哪种类型的共识算法和网络结构来保证自身安全？

A. Waves 是 10% 权益证明（PoS）和 90% 工作量证明（PoW）的公有链。Waves 通过利用现有账户的余额来确保网络的安全，以"锻造"块。

B. Waves 是 100% 权益证明（PoS）的公有链。Waves 通过利用现有账户的余额来"锻造"区块，从而保证网络的安全。

C. Waves 通过利用现有账户的余额来"挖矿"来保证网络的安全。

D. Waves 是一个私有链。Waves 通过有专门的审计节点来保证网络的安全。

14. 什么是 DEX？

A. DEX 是一个去中心化的交易所，它允许你从一个中心化的交易所交易资产。

B. DEX 是一个聊天平台，允许你与其他通证持有者进行资产交易和交谈。

C. DEX 是一个分布式交易所，允许你从钱包的安全性中交易资产。

D. DEX 是一个去中心化的交易所，允许你从你的钱包的安全性中交易资产。

第5章
区块链技术的第二代应用

在本章中，你将对区块链技术的第二代应用进行探索。它们都有令人激动的商业和社会应用。区块链应用程序一般被认为是"后端"技术和分布式数据库。你现在将要了解的应用都是面向消费者的应用，它们基于区块链，或在某些情况下本身就是区块链的一部分。

了解这些新兴技术至关重要，因为它们引领了政府、金融技术以及网络安全方面的变革。区块链的下一代应用程序与其他所有应用程序一样千变万化，它们可能已经在影响你的生活。

本章将介绍智能合约、通证、去中心化应用和去中心化自治组织。你将了解加密货币和通证之间的主要区别，并了解智能合约的局限性。

5.1 智能合约

智能合约可能是你遇到的最重要的软件创新之一。因此，了解它们的工作方式以及目前它们在部署中的局限性很重要。智能合约是用于两个或多个参与方之间的在线合约。请注意：在这种情况下，"合同"一词没有法律意义。它与商务合同的含义不同。智能合约中代码执行的内容与传统合约中法律执行的内容之间存在显著差异。

智能合约由开发人员创建，并使用布尔逻辑、数学和加密算法来实施，而具有法律约束力的合同是由律师创建并由司法系统执行的。

智能合约具有自动执行性和验证功能。例如，你可以创建一个自动电力合约，以在价格达到预定费率时购买电力。你可以使用智能合约来实现此目的，通过编程来监听来自电力风轮机或其他连接设备的数据反馈，一旦发生预先指定的操作或事件，合约中的代码将被执行。

你可能用过给定的价格购买能源的传统合同，但是这需要依靠一个人来执行合同，并且如果你或另一方未能履行合同的一部分，司法系统将会介入并采取行动。

目前，智能合约的执行有很多限制。它们只能执行自己领域内的内容。例如，你可以创建一个智能合约债券，声明将指定数量的加密货币发送到预先指定的地址后，你将释放一件数字艺术作品。但是你不能强迫另一方释放资金。

法律合同由司法系统执行，它们没有像智能合约一样的限制。如果你违反法院命令，没有支付某人的款项，即使是在民事诉讼中，你也可能会被控告蔑视法庭并被判入狱，或者法庭会自动从你的账户中提取资金。法律更加灵活，而软件则更加严格。对于法律和合同，具有法律选择权的人有解释权。而代码通常只有一种方式进行解释，并且如果它被意外执行，则意味着存在需要修复的故障。

也就是说，智能合约具有自动化和降低成本的作用。如果是一个简单协议，该协议可以被包含在区块链系统中，你的合约可以在该系统中执行，并验证预先指定的事件。智能合约已经有大量的用例，它的微交易能力被自动内置于公有链中，这使得智能合约变得非常有趣。

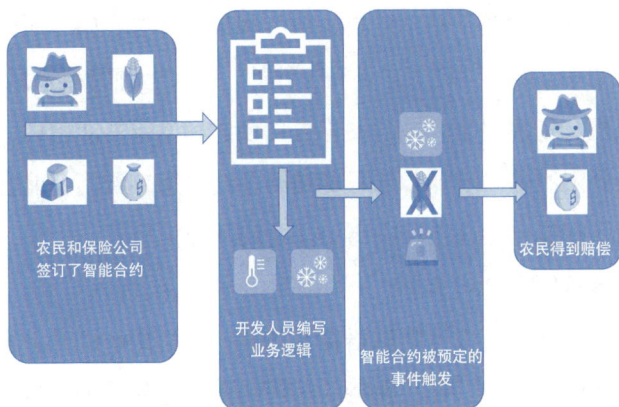

图 24　智能合约

注：一个可以保障保险赔付自动执行的农业智能合约。如果温度过
高且对农作物造成损害，农民可以得到赔偿。

智能合约：起源及其运作方式

尼克·萨博（Nick Szabo）是一位计算机科学家、法律学者和密码学家，20 世纪 90 年代，他在他的数字合约与数字货币的论文中创造了"智能合约"这个名词。他将智能合约的概念分解为一组以数字形式指定的承诺，并包括了双方履行承诺的协议。

随着以太坊区块链的发展，智能合约已经有了更多的意义和应用。它们已成为在虚拟机（VM）中运行的不可变的计算机程序，并且是区块链网络协议的一部分。

让我们对最后一句话进行简单阐述。在智能合约中，不可变意味着一旦部署了智能合约，便无法对其进行修改。这与传统的软件不同，后者是中心化的，并且允许管理员随时修改和修复错误。当然，也有例外，比如具有管理功能的智能合约。但是人们通常只能通过部署合约的新实例来修改智能合约。有一些新协议已更改了该规范，包括 EOS 和 Hyperledger Fabric，两者都提供了中心化的控制，使开发人员可以随意更改合约。尽管在某些案例中可能需要修改，但去中心化合约的主要吸引力在于，就执行条件达成协议后，该合约无法更改。

因为智能合约基于布尔逻辑、数学和加密算法实施，所以合约的执行应始终如一。换句话说，它是确定性的，每次运行的结果都是相同的。

虚拟机会创建一个环境，使你可以创建和运行智能合约，并且该虚拟机是受到限制的。智能合约只能访问合约状态、调用智能合约的交易以及存储在智能合约区块链中历史交易的部分信息。

创建和部署智能合约

智能合约是用高级计算机语言编写的，因为这些语言更容易读写。许多区块链已经开发了自己独特的编程语言，这些语言专为智能合约的创建而量身定制。Solidity 是一种以太坊区块链编程语言，它非常流行，类似于高级编程语言 JavaScript。

但是这样的话，区块链将无法读取你的合约，因此你将需要采取进一步的措施。你的智能合约必须被翻译或编译成字节码，字节码是设计成可以由虚拟机 VM 来解析执行的。编译后，你可以通过创建并发送某种特殊类型的交易将智能合约部署在区块链上。

你可以使用智能合约来做另一件有趣的事情，那就是对智能合约进行分层，以便一个合约可以调用另一个合约。这样，你可以创建一个执行链，可以根据不同的输入获得不同的结果。许多区块链允许你在其生态系统内调用任何公共合约，这意味着你可以创建基于他人创建的智能合约。

重要的是你要知道，智能合约中有两种类型的账户。第一种类型是可以通过私钥控制的账户。这些称为以太坊外部账户（EOA）。所有智能合约都是通过 EOA 来触发的。第二种类型的账户由你在智能合约中编写的代码控制的账户。这类合约将处于休眠状态，并一直监听事件，例如一个地址向另一个地址发送资金，那么将会触发智能合约的执行。

以太坊最初是为智能合约的构建而开发的，但比特币以及几乎所有其他区块链都支持智能合约或它们自己独特的智能合约版本。从本质上讲，智能合约使用户能够将代表"价值"的数据（例如加密货币、音乐文件或一些其他稀缺的数字资源）从一个用户转移到另一个用户。同时，来自该区块链网络的节点会验证交易，并确保双方按照事先在其智能合约中达成的协议进行合作。

比特币区块链在智能合约方面的成就鲜为人知，但最初提出比特币网络的白皮书暗示了智能合约的创建。比特币上的智能合约使用所谓的"操作码"，这是由彼得·托德（Peter Todd）通过比特币改进提案（BIP）65 引入。例如，比特币上的操作码可以编写智能合约，直到特定条件被满足，才能交易多签名钱包里的资金。

在比特币智能合约开发方面，Particl.io 是一个有影响力的领导者，它是一个非营利性质的瑞士基金会。他们正在创建一个开源的、去中心化的隐私平台，旨在创建可以与各种加密货币一起使用的去中心化应用程序。

Hyperledger 及旗下的多个项目（例如 Hyperledger Fabric、Hyperledger Sawtooth 和 Hyperledger Iroha）是重要的私有链和许可链工具，这些工具使创建智能合约的过程变得更加容易。

目前，Hyperledger Fabric 是最成熟的项目，并且具有针对商业用例的最佳教程。即使你是新手，你也可以在几分钟内使用 Fabric 进行测试并学习一些知识。

5.2　通证

通证是一种自我验证的数据包，代表着稀有的数据信息。由于通证是在区块链上生成的，因此通证能够自动表示自己并自证真实性。存储在区块链上不变的、线性的历史记录可以防止欺诈。

通证通常以两种方式生成。第一批通证是通过在比特币上发送一条带有消息的特殊交易而创建的。该消息表明，已经创建了一些新资产，并将其记入比特币地址。后来，其他区块链开发了更复杂的交易来创建通证。以太坊基金会率先并大大改进了通证技术，建立了通证编程框架，并允许将其应用于更复杂的任务。

加密货币类似于通证，但是生成方式却有所不同。通证和加密货币的主要区别，以及区分你是在用通证还是加密货币的经验法则是问一个简单的问题：它是为了保护网络安全，因奖励挖矿而产生的吗？另一个有用的区分方式是，通常在智能合约或彩色币交易创建通证时，就会立即生成全部通证，而加密货币则是由区块链网络随时间自动生成的。但是，这并不是一个硬性规定，因为智能合约支持各种功能，也可能随着时间的推移生成更多通证。

你应该注意的另一件事是，并非所有区块链网络都具有加密货币，但是所有网络都允许发行通证。通证就像加密货币一样，可以充当不记名票据。它们可用于实现区块链网络上两方之间的价值转移，并可用于代表稀有的数字资产，甚至代表现实世界的资产。请务必注意，通证非常灵活，它也可能不是不记名票据。

加密货币和通证之间的区别在于创建它们的原因。通证是由单方创建的，通证要代表某些有价值的东西，可能是支付优惠券、公司股票或软件许可。相比之下，区块链网络则会生成一种加密货币作为节点的奖励机制，以促进节点对共享数据库的维护。加密货币是由区块链的算法随时间生成的，并根据区块链网络上采取的行动而做出响应。而通证通常是一次性全部生成的。

通证标准

通证的类型有很多，以太坊、EOS、Waves 和 Hyperledger Fabric 等都为通证创建了许多工具标准。新一代的区块链技术需要感谢以太坊的共享标准。以太坊最受欢迎的通证标准之一——ERC-20，通过销售 ERC-20 通证已在全球范围内募集了数十亿美元的资金。

ERC-20 通证标准是以太坊网络上最常见的通证，其他区块链为其通证采用了相同的规则集。推动该通证标准流行的因素之一是，只具有一点编码技能的人都可以通过 ERC-20 通证轻松地创建新项目并筹集资金。这些筹资活动被称为首次代币发行。

ERC-721 是另一种流行的通证标准。它与 ERC-20 的不同之处在于，每个通证都是唯一的，而从同一合约中生成的 ERC-20 通证是可互换的。

ERC-721 的常见用途是数字收藏品。它允许发行人证明数字资产的唯一性和可转让性，同时保证每个资产都是唯一的。谜恋猫是第一个 ERC-721 实施方案。

第二代通证

在 2017 年和 2018 年，通证的受欢迎程度激增。尽管近些年来，由于大量的欺诈和许多项目的失败，人们的兴趣有所减弱。

但是，新的通证已开始获得立足之地，它可以解决有关通证价值的一些核心问题，例如拥有某种"稀有物品"的含义是什么，当它只是个软件时是否足够稀有。通证发展的两个方向为稳定币和证券型通证。

稳定币将其价值与其他资产（例如政府发行的法定货币）的价值联系在一起。加密货币与传统金融工具之间的互操作性是区块链技术应用的一个重要问题。稳定币是金融世界新旧技术融合的一种方式，它与传统的法定货币系统对接，并提供更合适的工具，使它的外观和感觉均与法定货币相似。第一个稳定币是 2014 年的 Tether，最初称为 Realcoin。它的概念很简单，在银行账户中存入与 Tether 等额的资金。但是，在是否持有等值货币储备方面，它的透明度一直受到质疑。此外，它在 2017 年出现系统漏洞，一名黑客盗走了价值超过 3000 万美元的 Tether。

另一个有意义的发展是美国政府对 1:1 货币通证的监管。Gemini、Circle 和其他几家公司建立了一个加密货币，与美元汇率 1:1，该通证受美国政府监管，并经过第三方审核。由于对 Tether 的信任度日渐下降，对于希望既可以拥有美元的稳定性又可以拥有通证的流动性的数字货币交易用户来说，该通证的出现是一个可喜的讯号。

得益于像 Silamoney.com 这样的公司的运作，稳定币可能会经历同样的人气爆炸，该公司已经创建了带有开发人员套件的应用程序编程接口（API）平台，该套件在以太坊区块链上发行了稳定币，叫作 Sila。

证券型通证（STO）与外部资产的价值相关，例如公司的股权、债券的所有权，甚至是石油等商品。委内瑞拉的石油币 Petro 就是一个令人兴奋的发展，它既由主权政府发行，又得到该国最大的商品石油的支持。Petro 受到了高度的质疑，实际上，美国前总统特朗普禁止美国公民购买委内瑞拉加密货币。不幸的是，委内瑞拉的腐败阻碍了 Petro 的成功。更可悲的是，委内瑞拉政府以此为借口洗劫了公民的银行账户。

5.3 去中心化应用（DApp）

去中心化应用——通常简称为 DApp——是在 P2P 对等网络而不是单个系统上运行的应用程序。DApp 可以是直接连接用户和提供者的工具、程序、游戏等。你可能已经使用过一些去中心化应用了，比如 BitTorrent、Popcorn Time、BitMessage 和 Tor，但这些都是不使用区块链的传统 DApp。

DApp 扩展了智能合约，超越了从 A 到 B 的简单的价值转移。DApp 是使用智能合约构建的，但是它还使用其他服务，例如安全通信，并且它通常允许不限数量的参与者在给定的规则内集中进行交互。Dappradar.com 是查找新的和流行的 DApp 的最佳场所之一。在这里，你可以找到越来越多的游戏、交易所和市场。

如何构建 DApp？

DApp 的工作方式与传统的 Web 应用程序非常相似。它们使用常见的 Web 编程语言（例如 HTML、CSS 和 JavaScript）来呈现网页。但是 DApp 不会调用带有 API 的常规集中式数据库，而会调用区块链智能合约。DApp 的整个后端都运行在 P2P 区块链网络上。

应用程序的"前端"就是你所看到的东西，而"后端"则是发生奇迹的地方。正是数学和逻辑让你可以与应用程序进行交互。智能合约就是"后端"，通常仅占 DApp 的一小部分。

通常，出于两个实际原因，DApp 会将与区块链进行交互的需求降至最低。每次执行智能合约都会产生金钱成本，并且会降低应用程序的运行速度。交易费用可以叠加，你的应用程序需要执行智能合约的次数越多，应用程序的运行成本就越高，并且用户可能需要等待的时间就越长。一些新的区块链协议，例如 EOS，正在寻求降低成本的方法。在这一点上，所有区块链都还处于开发中，开发人员正在努力解决这些扩展问题。

　　DApp 的前端可以去中心化，但不一定要去中心化。有些人会选择使用去中心化存储，例如 Swarm 或 IPFS（星际文件系统）提供的产品，这样可以更全面地保护其整个应用程序。

　　开源软件和闭源软件之间存在哲学上的区别。开源使得任何有兴趣和能力的人都可以查看你编写的每一行代码。你通常将代码保存在 GitHub 账户中，并且其他开发人员可以根据 MIT 或 Apache 许可将你的代码用于非商业目的。闭源软件代码不公开，很大程度上出于经济的原因。它可能是你在竞争中的优势，也可能通过销售许可证获取收入。

　　关于开源软件和闭源软件之间的争议在区块链中经常发生，原因是必须验证区块链代码是否稳健，并且由于代码完全开放的性质，它会随着工程师不断地构建和改进而变得更加强大。区块链是建立业务的良好基础，这些业务往往喜欢保留自己开发的软件的专有权。DApp 很有意义，因为它们需要开发人员就他们公开多少代码做出选择。

　　根据功能，DApp 分为三大类：

- 管理资金的 DApp；
- 使用资金，但出于其他目的而构建的 DApp，例如游戏；
- 用于治理的应用程序，例如投票系统，这些治理应用程序被称为"去中心化自治组织"，通常简称为 DAO。

　　以太坊托管了首个管理投资基金的 DAO。遗憾的是，它最为人所知的是受到黑客攻击，而在试图解决 DAO 黑客攻击时，以太坊社区分裂为两大阵营——想找回失去的资金的人和坚信要采用更达尔文主义方法的人。

5.4　去中心化自治组织（DAO）

　　去中心化自治组织是一个复杂的智能合约。与其他智能合约相比，它们拥有更多的代码，因为它们所管理的不仅仅是价值转移。DAO 具有成员的投票权。DAO 的章程在智能合约代码中，并在其区块链中得到保护。

创建 DAO 的概念是为了解决经济学中所谓的"代理人问题"。"代理人问题"处于两难的困境，当"代理人"可以代表另一个代理人做出决策但受到其自身利益的影响时，就会出现这种困境。"代理人"可以选择承担更多风险，但他们实际上并未承担该风险的成本。一个例子就是首席执行官（代理人），他希望获得短期收益，给他们带来红利，而不是从长期角度来选择更有利于公司健康和福利的方案。

DAO 允许人们在商定的规则内进行协作，并就行动方案达成协议。DAO 中的代码充当治理结构。例如，上一节中提到 DAO 的创建是为了接收投资资金，然后对其进行保护。然后，该基金的成员可以对社群提出的提案进行投票。DAO 内的章程规定了投票系统的时间框架，确定了如何管理资金的规则，见图 25。

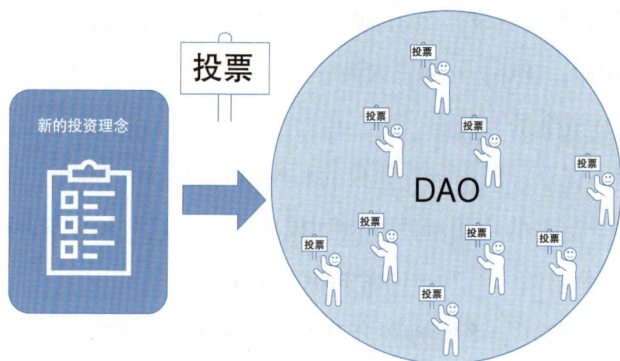

图 25 去中心化自治组织的所有者对提案进行投票

这种新的投资方式的吸引力在于，它允许有权使用加密货币的任何人成为投资集团的成员，并对投资项目进行投票。他们不必征求任何人的许可，也不必以传统的合格投资者所必需的方式披露其财务状况。

另一个吸引人的地方是代码不能被修改，因此犯罪和不道德的个人无法欺诈团体。只有 DAO 的成员可以控制它，并且每个成员的控制仅限于他们所贡献的内容。成员可以离开并在市场上出售其成员资格。DAO 实际上消除了代理人问题。

万事开头难。这并不奇怪，以太坊的第一个 DAO 中的代码并不完美。它的缺陷很快就被黑客发现了，并遭到攻击。开源代码的一个最大的优势也是它的劣势，即任何人都可以查看代码，并找到方法来破坏你想要做的事情。好处是它可以帮助你快速发现错误，但有时代价也很大。拥有加密货币或其他有价值的东西的智能合约很容易受到攻击，因为它们的代码会暴露给所有人，使黑客有机可乘。

比特币网络被认为是 DAO。它允许任何人参与系统的创建和安全维护，并且合作完全是自愿的。网络的规则在其共识协议之内，矿工通过选择要构建的区块进行投票。

现在，将 DAO 应用于传统组织，我们可以实现更多的事情。例如，它们可以用于投票选举新政府，或者用于公有或私有公司的股东投票，而不需考虑其规模大小。

DAO 具有很大的潜力，可以帮助消除商业和政治中一些较不成熟的部分，并允许个人在其所投资的事物上听到公正的声音。不像大多数政府、军方和企业所采用的层级结构，在社会各个方面的管理上，DAO 提供了一种新的选择。现在，人们可以通过由代码强制执行的规则来更轻松地管理组织。每个人的权利与他们的贡献对等（或该团体选择的其他任意规则），因此团体可以做出更公正的决策。例如，DAO 投票将允许股东决定董事会和雇员的人选，甚至选举新政府官员。DAO 可用于管理公共资源，并帮助克服 "公地悲剧" [1]。公地悲剧是一个经济术语，即自我利益耗尽或破坏自然资源的现象。如上所示，DAO 可以就如何使用或保留这些资源达成共识。

这些示例在我们当前的系统中具有很大的局限性。司法系统对于司

---

[1]　译者注：指代由于公共产品的使用具有非竞争性和非排他性，这往往使得它在使用过程中落入低效甚至无效的资源配置状态。

法、执法和保护财产仍然至关重要。然而，目前互联网发展状态就是无国界的"狂野西部"，这种类型的结构令人着迷，因为它们有进一步促进全球化的潜力。

DAO 如何工作

DAO 按照其智能合约中编码的规则运行。它们是完全线上的，但可以管理离线资产，例如房地产或自然资源。DAO 可以让从未见过面的两方进行合作，并就双方的共同利益和价值做出决策。DAO 使这些人可以做一些事情，例如雇用其他人来执行无法自动化的任务。比如许多 DAO 雇用了个人来开发软件。

DAO 依靠通证来获得合作。通证充当具有价值的内部属性，并受组织控制。该组织的行为受 DAO 智能合约中写入的规则的约束。通证可以代表赋予投票权、支付股息或作为合作奖励而给予的股票。

一旦部署了 DAO，它就是自主的。因为小型团体更容易受到攻击——至少在公有链和挖矿机制的背景下，所以许多区块链都逐渐往自治化过渡。公有链需要达到一定程度的去中心化，才能应对挖矿池等受到攻击的情况。这时候，一大群矿工将快速地从一个区块链转移到另一个区块链，这样可以以更快的速度收获和出售加密货币。这类活动可能会破坏区块链，因为其会降低加密货币的价格，并可能使区块链交易陷入僵局。

DAO 的关键要点

DAO 的所有交易都记录在区块链上。账单和财务的透明性使代码成为公认的、受信任的第三方。

DAO 通过让其成员对重要问题（例如资金的提取或转移）投票来达成共识。智能合约中指定的大多数利益相关者必须同意所有决定。许多智能合约提供了投票时间窗口，因此提案和行动不会受到无响应成员的影响而停滞。

DAO 无法构建产品或执行服务。它允许组织制定决策，然后雇用承包商从事诸如编写代码或开发产品的工作。承包商由有投票权的股东进行选择。

许多 DAO 都依赖外部团体，为例如软件开发之类的事情提出建议。一些 DAO 要求提供财务保证金，以防被过于笼统、价值很小或没有价值的建议所淹没（"垃圾建议"）。

所有的公有链都是 DAO，包括比特币、以太坊、Factom 等。DAO 不仅仅是公有链。它们可用于管理各种类型的人类组织，例如公司、投资基金甚至政府。

DAO 的合法性

DAO 的代码和功能不能免除个人遵守法规和法律的责任。如果你正在考虑创建 DAO，请寻求法律顾问。

许多国家已开始建立法律框架，将 DAO 的独特性考虑在内。例如，马耳他为 DAO 创建了一个法律框架，将其归类为一种新型的法人实体，称之为"技术协议"。马耳他创建了一个新的监管机构，叫作马耳他数字创新局（MDIA）。

爱沙尼亚、新加坡、英国等许多其他国家和地区也在积极创建法律框架和监管沙盒，以允许企业家探索新的商业模式的同时能够遵守法律。

5.5 小结

智能合约及其迭代产物，例如 DAO、ERC-20 和 ERC-721 都促进了区块链技术的发展，使区块链技术不仅仅是加密货币的发展史。它们是让普通人可以创建自己的区块链技术的第一个用例。本章有助于你理解正在快速发展的首次代币发行、通证、DApp 和 DAO 市场。

5.6 本章小测验

1. 什么是智能合约？

    A. 一种用于筹款的通证。

    B. 区块链技术的唯一应用。

    C. 程序员创建智能合约。 他们将业务逻辑编码为区块链内部的自动执行程序。

  D. 律师创建智能合约。 他们将业务逻辑编码为区块链内部的自动执行程序。

2. 智能合约是否具有法律约束力？

  A. 是

  B. 否

3. 什么强制执行了智能合约？

  A. 智能合约由政府强制执行。

  B. 智能合约由比特币核心开发执行。

  C. 智能合约通过布尔逻辑执行。

  D. 智能合约通过布尔逻辑、数学和加密算法来执行。

4. 什么是通证？

  A. 通证是自我认证的数据包，代表稀有的数字信息。

  B. 非同质化的数字资产。

  C. 同质化的数字资产。

  D. 首次代币发行筹款工具。

5. 加密货币和通证是相同的东西吗？

  A. 是

  B. 否

6. 什么是 ERC-721？

  A. ERC-721 的常见用途是数字收藏品。它允许发行人证明数字资产的唯一性和可转让性，同时允许每个资产都是唯一的。

  B. ERC-721 的常见用途是完全相同的数字资产。

  C. ERC-721 允许发行人证明其唯一性，但不能转让。

  D. ERC-721 的常见用途是首次代币发行。

7. 什么是 ERC-20？

  A. ERC-20 是非同质化的通证，通常用于筹款。

  B. ERC-20 是同质化通证，通常用于筹款。

C. ERC-20 是同质化通证，通常用于投票。

D. ERC-20 是同质化通证，通常用于收藏品。

8. 什么是 DApp？

A. DApp 是在中央网络上运行的去中心化应用程序。

B. DApp 是在 P2P 网络而不是单个系统上运行的通证类型。

C. DApp 是用于创建通证的去中心化应用程序。

D. DApp 是在 P2P 网络上而不是单个系统上运行的去中心化应用程序。

9. 什么是 DAO？

A. DAO 是去中心化的自治组织，是具有成员表决权之类的复杂智能合约。

B. DAO 仅用于投资管理。

C. DAO 是具有成员表决权之类的简单智能合约。

D. DAO 是下放的独立团体，是复杂的智能合约，是拥有会员投票权之类的东西。

10. DAO 具有合法地位？

A. 是

B. 否

第6章
区块链的扩展应用

　　区块链不仅仅是一个流行术语，它已经开始重塑许多行业的商业模式。在本章中，你将探索应用广泛的区块链技术，并了解新型的去中心化身份将如何影响商业，以及旧的营销策略将来可能会失效的原因。

　　你将发现 AI（人工智能）如何使用区块链数据库来保护信息和购买训练所需的数据。本章还探讨了 IoT（物联网）设备如何通过分布式账本来保护自身的安全。最后，你将了解去中心化市场上的创新，以及这些创新可能对旧业务模式产生的影响。

　　了解这些技术如何协同工作至关重要，因为它们会引导安全、经济和市场的变革。这些技术和区块链应用程序广泛结合，本章将带你了解其未来几年的发展前景。

6.1　去中心化身份

区块链是一个分布式协同且不可更改的数据库，它是自治的，并且以点对点的方式运行。区块链中的"区块"包含该区块链上发生的每笔完整的交易，它们都被准确地记录在链上，一旦经过验证就无法更改，并且被密码学保护。区块链的线性、全面、全局和安全等特性使其成为保护各种信息的绝佳平台。这包括和人相关的应用，例如身份证件；以及与物相关的应用，例如从网站和 IoT 设备采集的数据等。

本章中，你将学习该技术的一些定义和特征，这些使区块链成为保护人或事物的身份的理想场所。你将看到点对点的身份系统如何运作，以及它们如何消除 Yahoo 或 Equifax 等中介机构收集你个人信息的行为。你将探索为解决一系列影响企业和个人的身份盗用问题而构建的一些新的身份应用程序。

在线身份——蜜罐

你可能已经意识到互联网愈发的固化，只有少数几家公司可以控制网站安全证书的颁发以及对在线身份进行管理。这种中心化已导致互联网用户的大量个人数据被存储在中心服务器上。这些服务器很有可能会被黑客入侵。小型公司集中的个人数据像一个香甜的蜜罐，成为黑客的目标，持续招引着数据泄露事件，例如针对 FBI、Equifax、Target、Home Depot、Yahoo 和其他无数目标对象的数据泄露事件。

区块链技术为中心化数据问题提供了一个潜在的解决方案，通过让人员和公司使用分布式数据库来存储或保护数据，而不是更容易被黑客入侵的中央数据库。信息一旦被存储在区块链上，便会受到密码学保护，无法被更改或删除。信息被分解为较小的单元，从而使海量数据泄露变得非常困难，即使理论上也不可能做到。每个人的数据并非都放在一个地方，而是放在自己的高度安全的环境中。美国国土安全部已经在研究这种数据结构，以防止数据丢失和针对 IoT 设备（例如相机和地面传感器）的恶意攻击。如果有人要窃取或控制此方法所保护的数据，意味着他要单独地攻击所有目标单元（无论被窃取的数据是个人身份还是来自所连接设备的传送数据）。

从高层级理论来看，将数据存储在区块链上是毫无问题的，实际上人们已经探索了许多实现途径。一种方法是你能够直接在区块链上存储身份证明文件和其他相关数据，从而消除对中介的需求。你将控制自己的信息，并且在发生丢失的时候负责保护和恢复数据。从理论上讲，你将不再需要向任何第三方提供敏感数据。

使用分布式账本技术或区块链技术，个人可以在不泄露支持数据的情况下证明信息。例如，你的身份证包含许多有关你的身份和住所的私人信息。在大多数要求你提供身份的交互中不需要这类的信息。如果你拥有使用区块链技术的数字身份证，则可以证明自己有资格购买酒，而无须透露年龄、居住地或姓名。 Civic 是一家区块链软件初创公司，与Anheuser-Busch 合作创建了一种验证年龄的啤酒自动售货机。

软件公司正在探索的另一种方法是将你的个人数据编码到一个私有的、被许可的区块链（称为 DLT）上，该区块链只能由授权的第三方通过你的加密签名来访问。这种方法不会消除对中介的需求，而是会增加安全和权限的层级。它将避免中介机构将敏感个人数据直接存储在一个位置。这些类型的系统还可以使你知道哪些人在查询你的信息。

区块链技术可以消除对中介的潜在需求，并允许人们对其数字身份进行全面控制，不过有人则建议公司仍可以处理个人数据，但可以使用区块链技术来访问和验证此数据，而非使用容易被黑客攻击的服务器。

自我主权身份

基于区块链的保护和共享身份解决方案已成为业界的主要开发工作。 区块链技术包含允许改变自我所有权的概念。 它激发了围绕个人的道德和自然权利的社会运动的新生活，每个人都拥有对自己的金钱、财产和身份的唯一控制权。

自我主权身份是由个人而不是第三方管理的身份。 你将对自己进行身份验证，而不依赖第三方来验证和证实你的凭据。在区块链系统中，

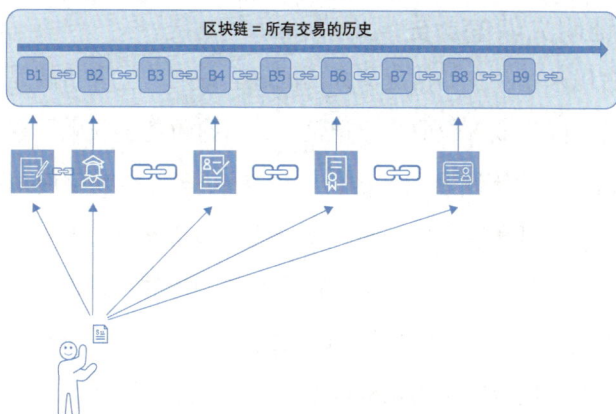

图 26 区块链保护的身份

注：它可以使用小额交易将有关某个人的信息写入到区块链中，以创建事件的内容与时间的不可改变的历史。

人们可以通过发布加密凭证来实现自我主权身份。凭证也可以具有与其关联的其他信息。例如，你已经创建了证明你毕业的大学证书的凭证。然后，可以由另一方验证你的文凭，并且他们可以发布声明，以检查并验证在特定时间点你确实具有此凭证。

什么是身份？

在我们深入研究如何使用区块链来保护和创建数字身份以及它为何比我们当前的中心化系统更加完善之前，先了解一下什么是"身份"，以及随着时间的推移，技术是如何影响身份的。

身份是一个非常宽泛的术语，根据上下文有不同的定义。例如，你的身份可能是出生证明、政府签发的驾驶执照、社交媒体资料或你完成的课程。对于像相机这样的设备，身份的构成也类似。它在工厂制造，运送到商店，在仓库中存储，然后最终出售给你。这些时间中的每一个时刻都标记有文档和数据。用最简单的术语来说，身份旨在定义"你是谁"以及"你要做的事情"。FBI、Equifax、Target、Home Depot 和 Yahoo 等实体都收集了这些信息，以尝试了解有关你和世界的更多信息，以便他们改进自己的工作。

身份证明文件的历史

自远古以来就存在如何定义人的问题。最初，主要挑战是验证相关人员的身份，因为该身份取决于记忆，这有时可能会失败。在阿尔及利亚、南非和以色列等国家和地区，居民在 10 多万年前就使用珠子来展示自己的身份。研究这些珠子时，你可能会知道家庭关系、个人身份和财富状况。古埃及人将文身作为创造和验证身份的一种形式。这种习俗可以追溯到公元前 2000 年，你可以根据他们的文身来判断一个人的氏族、在社会上的地位以及其家庭成员。

人们在开发出记录保存技术和书面语言后，逐步淘汰了皮肤标记和物理符号。公元前 3800 年，巴比伦人成为第一个通过正式收集所有公民信息进行普查的国家。

英格兰国王亨利五世是 1414 年第一个介绍护照概念的人。英国公民在国外时会使用这些文件证明自己的身份。1829 年，英国议会通过了一项立法，允许政府提供一个可以存储其公民身份的数据库。其他国家也纷纷效仿，并开发用于记录其公民身份的实体数据库。德国、捷克共和国、西班牙和新加坡是 20 世纪 80 年代最早发行政府智能卡的国家。

在 20 世纪 90 年代初期，随着在线聊天室的普及，在线身份开始流行。你的在线身份是根据你浏览脸书，在线购买或通过在线门户网站上学习时存储的所有信息创建的。你的互联网浏览器会收集你所有的在线互动，并汇总你的特征以定义你的在线身份，并针对你进行广告投放甚至监控。

每个网站都会为你建立独特的形象。部分身份特征由其他企业汇总并出售。例如，当你访问亚马逊时，它会根据你浏览和购买的产品创建在线身份。然后，他们针对你的身份提供你更有可能想要和购买的产品。谷歌以类似的方式向你提供相关信息，并且他们会根据自己统计的资料来调整显示给你的内容。他们根据你进行的搜索和你的地理位置来创建这些个人档案。

随着时间的推移，你是谁以及你的需求都会构建成一个不断增长的画像，但是它们不合法，许多国家要求公司向你提供他们收集到的有关你的信息，并允许你要求公司删除这类数据。最近的剑桥分析（Cambridge Analytica）丑闻曝光，脸书收集了用户的 4000 ~ 10000 个数据点，然后将其与该用户的身份相关联。这些数据片段会随着时间的推移而被收集，并随着用户的行为进行更新。它们创建了令人难以置信的用户个人资料和身份，但在大多数国家和地区，将这些数据用于诸如贷款审批之类的操作均不合法。

你的合法身份包括政府签发给你的文件，例如你的出生证和驾驶执照。它们在你和你所在的地区之间建立了联系，并向你授予该政府的保护和权利。大多数政府机构和组织都要求人们拥有政府签发的身份证件，以便他们使用各种服务。几乎所有孩子都能获得的基本身份证明文件是出生证明。 身份证明文件可以从一个管辖区更改为另一个管辖区。 一些国家和地区将所有身份合并到一张卡中，而其他国家和地区在其他各种文件中使用不同的卡，例如身份证、驾驶执照和社保卡。

身份挑战

很明显，拥有身份对于识别人并允许他人获得一定程度的信任至关重要。身份使我们能够知道某人是否有资格胜任工作，有能力支付薪水，或者我们的孩子被照管是否有保障。从根本上讲，身份可以帮助我们彼此之间建立信任，并可以互动。因为身份是信任的捷径，所以犯罪集团将伪造它们的文件和数据作为目标。我们当前的系统面临许多挑战，这使得政府和组织很难对人员进行分类并保护他们存储的信息。

首要问题是在线数据的安全性。人们无法保证某些在线组织和政府收集的用于创建身份的数据是安全的，不会泄漏或出售给第三方。这样的数据库很容易遭到黑客攻击，个人身份最终落入恶意者的手中。例如，当你通过不安全的平台在线购物时，黑客可以窃取你的信用卡的详细信息，然后使用你的身份进行购买。你可能会花费数年的时间从这些类型的盗窃和欺诈中恢复。

政府面临的第二个问题是身份验证，尤其是身份的边界。例如，没有统一的命名方式，命名约定的差异会导致互操作性问题。每个政府在建立公民身份方面都有不同的方法。对于管理用户账户的公司而言，这是正确的。例如，亚马逊将对你的购买和偏好感兴趣，而脸书对你的社交互动感兴趣。这两个组织对于同一个人将具有不同的身份。政府面临同样的问题——每个国家和地区都有创建身份证、护照和出生证明的不同系统。

第三个关键问题是信任。中心化系统可能会受到威胁，文档可能会被伪造或更改，从而难以验证身份。脸书与第三方剑桥分析公司分享了超过 8700 万客户的个人数据的消息在 2018 年成为新闻头条。然后，这些信息被用来操纵个人的行为。许多人为了便利和易用性而牺牲了自己的身份和财务信息。

要注意的最后一个问题是，无法证明用户提供的数据是真实的。出售用户的个人资料和个人数据的市场已经形成，使不道德的人能够使用伪造的身份或完全采用他人的身份，见图 27。政府和其他组织可能无法访问存储在其他地方的数据，这意味着很难确定所提供的数据是有关人员的真实身份。

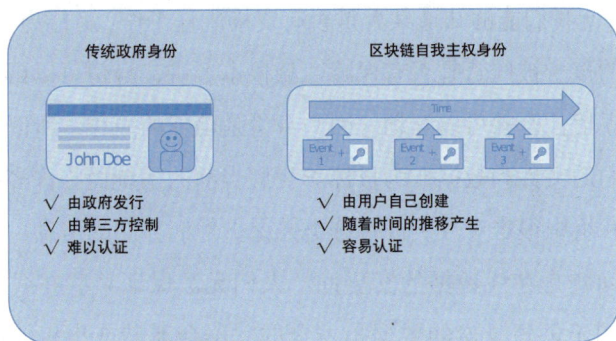

图 27 传统身份和自我主权身份

6.2 区块链保护的身份

区块链技术可以消除对中介的需求，并使人们可以完全控制其数字身份和法律身份。区块链技术正用于保护网站和联网的硬件设备（IoT）

的安全。在本部分中，你将看到企业如何构建解决方案以改善数字身份，同时仍允许所有相关方访问他们所需的私人信息。

区块链技术开发人员已承诺解决政府、组织和个人在尝试分配、验证和管理身份时面临的大多数挑战。这些组织创建了去中心化的身份平台，以提供存储历史数据的万无一失的数据库，从而可以轻松地验证身份或数据的真实性。这些系统确保只有经过授权的个人或团体才可以访问或更改数据库，并且一些用户实际上根本无法更改任何数据。

有数十家公司正在将区块链用于分布式身份解决方案。在本节中，我们将研究四个不同的项目：

- Blockstack；
- Microsoft；
- IBM；
- Civic；

Blockstack

这是最早创建去中心化身份解决方案的公司之一。 Blockstack 成立于 2013 年，最初名为 Onename。该公司的重点是消除在创建和管理身份时构成安全威胁的中介。Blockstack 的用户可以完全控制自己的数据，从而降低了身份盗用的可能性。 Blockstack 具有运行去中心化应用程序的浏览器，其用户可以在各种设备上加密和存储数据。

Blockstack 改进了互联网的设计缺陷，该缺陷迫使用户依赖第三方来创建和管理身份。它的浏览器允许人们直接创建他们的身份，从而消除了依赖第三方平台（例如 Google 和 Facebook）进行身份验证的需要。

Microsoft

作为世界上最大的软件公司之一，微软早已对区块链技术产生了兴趣。微软在 Azure 上的分布式平台正用于为人和物创建身份管理的解决方案。这项工作的一部分是他们与 ID2020 联盟建立的伙伴关系。这是全球性的公私合作伙伴关系，致力于帮助全球 11 亿没有合法身份的人。

Microsoft 正在与其他主要组织，例如，去中心化身份基金会（DIF）

合作以提供解决方案。 去中心化身份基金会是一个致力于为去中心化身份打造开放式生态系统并确保所有参与者之间可以互操作的组织。Microsoft 将使用 Identity Overlay 网络基础设施，该基础设施每秒可处理数万个事务。他们希望保护数十亿人的身份，并允许他们在基于开源组件和标准构建的可互操作系统上安全地进行交互。

IBM 的可信身份解决方案

IBM 通过其区块链可信身份解决方案，创建了一种分布式身份管理方法，该方法由其分布式账本提供支持。 IBM 使用混合的开放许可链，并通过该区块链创建"可验证凭证"。可验证凭证系统允许受信任的身份发行组织向个人发行凭证。反过来，这些人可以持有凭证并将凭证提供给 IBM 生态系统内的其他验证组织。该平台基于顶级开放标准，并与万维网联盟（W3C）和去中心化身份基金会合作。

IBM 正在利用其 System Z 架构和全球 IBM 云来建立高度安全和可用的身份。IBM 希望对 KYC（了解你的客户）进行转换，这是一种验证银行身份的规则，并通过人工智能进行了增强。该公司正在融合去中心化身份和 AI 来改善全球 KYC。该平台是一个异构网络，这意味着企业所有者将使用他们现有的系统，并且仍将从该方法中受益。

Civic

Civic 的首次代币发行在公开发售期间售出了 3300 万美元的代币，用于其身份识别项目。

有了这些资金，Civic 建立了一个基于区块链的身份网络，可以连接公司和用户。他们提供了三种身份管理解决方案。第一个称为安全身份平台（SIP），是用于 Web 和移动应用程序的多重因素的身份验证，并且不需要用户名或密码。

Civic 还创建了可重复使用的 KYC 产品，该产品允许用户扫描和验证身份证明文件，并满足首次代币发行或其他金融技术之类的 KYC 要求。它使用 Identity.com 市场通过区块链证明来验证个人信息，并将身份数据本地存储在用户的移动设备上。

他们开发的第三个产品是安全关系验证解决方案，他们重新考虑了如何使用和管理个人数字档案。在他们的系统中，组织与用户合作以确认他们的参与，再将其列出在他们的网站上。验证后，用户可以针对他们在线上的所有关系重复使用相同的证明。

6.3 区块链与物联网

IoT（物联网）的概念众所周知，但你可能不清楚其真正的含义，以及区块链技术将如何塑造它。物联网是指互联网上所有连接的设备。这些设备可能是摄像机、智能手表、地面传感器或你家中的恒温器。连接的设备无处不在，每天收集着关于我们的令人眼花缭乱的信息。随着这些设备的信息被截取，如何保障收集信息过程的安全性？

想一下你正在创建的数据。例如，启用 Wi-Fi 的安全摄像机知道你何时在家。你的智能电视也会收集有关你的很多信息。如果它已连接到奈飞（Netflix）或亚马逊账户，甚至可能会包含你的财务信息。你的智能手机包含所有个人和财务信息，因此是最重要的个人数据创建者。无人驾驶汽车虽然尚未普及，但如果遭到黑客入侵，可能会构成人身威胁。所有这些设备都容易受到攻击，因为它们可以直接被黑客入侵。它们的身份存储在中央数据库中，有一个密码可以管理多个设备，并且可能受到数据的欺诈攻击，见图 28。欺诈通常是一种欺骗或恶意行为，是将

欺诈行为

什么是欺诈行为？
个人或程序作为受信主体，通过伪造数据获取不正当利益的行为。

什么是电子邮件欺诈？
邮件通过受信方发送，且包含恶意软件安装的附件或链接。

什么是 IP 地址欺诈？
在未授权的情况下，黑客通过发送一个虚伪或"伪装"的 IP 地址来获取某个网络系统的访问权限。

什么是电话号码欺诈？
黑客通过在拨号做手脚来伪造接收方的来电显示号码。

图 28　欺诈行为

从未知来源发送的消息伪装成来自某个接收者已知的来源。欺诈可以应用于电话、电子邮件和网站，也可以是更具技术性的，例如计算机欺诈IP地址、域名系统（DNS）服务器等。欺诈可以用于获取目标的个人信息，通过受感染的链接或附件传播恶意软件，绕过网络访问控制，或重新分发流量来实施服务攻击。

区块链和分布式账本提供了一种新的解决方案，可保护设备中的数据安全。它们可用于允许智能连接的设备自主买卖商品。区块链技术通过创建无须认证机构即可直接认证 IoT 设备安全的方法来实现这一目标。它使用与比特币及其他加密货币相同的模型来验证用户身份并允许在账户之间转移价值。

物联网可以利用安全的区块链身份来防止恶意攻击，其中恶意方冒充另一台设备发起攻击以窃取数据或造成其他某种混乱。一些区块链平台（例如 Factom）允许创建身份链，使两个或多个设备直接通信，而无须通过第三方中介，实际上，欺诈行为的成本更高。这些数据链可用作存储或数据库备份。

Factom 开发了一种模型，该模型允许用户根据单个授权系统同步多台设备。然后，它在其他区块链网络上分发数据费用的证明，以创建极其冗余且不受审查的系统。为每个设备设计的 Factom 身份链会创建一个永久记录，并使用加密技术保护数据安全，从而确保只有经过验证的设备才能访问。添加新设备后，其身份记录将成为区块链的一部分，以供永久参考。对设备配置的更改将在区块链验证模型中进行注册和身份验证，从而确保可以捕获和忽略任何伪造的记录。

还有许多其他公司正在开发令人兴奋的新技术，这些技术利用区块链来保护物联网设备。在本节中，我们将更详细地介绍 Toyota 和 IBM 的工作。

Toyota

丰田（Toyota）一直在寻求改善其产品和制造工艺的方法，特别是它正在探索包括 DLT（分布式账本技术）和区块链在内的新技术，以改善其系统。丰田研究所正在探索区块链技术的应用，以使无人驾驶汽车成为可能。该研究所正在与五家不同的公司以及 MIT 媒体实验室合作开展此项目。

丰田目前主要的研究重点是自动驾驶汽车每次出行的数据共享。丰田研究院正在努力创造可靠、安全的自动驾驶汽车，并正在探索将驾驶员数据存储在区块链中。此数据的最佳用途之一是在保险业中。该汽车的上百个传感器收集信息并将其存储在区块链中，用于快速准确地确定全过程以及发生重要事件和事故的时间点。保险公司将使用此信息来确定保险费率，从而减少欺诈，因为它增加了透明度并减少了虚假陈述。

IBM

IBM 申请了一项系统专利，该系统可以通过分布式账本技术"私有化和利用"从自动驾驶汽车收集的所有信息。汽车将具有"阈值距离"，即自动驾驶汽车将识别并对其周围环境做出反应的距离。该汽车会将信息发送到 IBM 区块链，网络中的其他汽车也可以访问该信息。共享数据使车主们能够做出明智的决策。

6.4　人工智能与区块链

在考虑区块链技术如何与 AI 融合之前，重要的是你需要从上层了解现在的人工智能是什么，以及随着时间的变化，人工智能会如何变化。从本质上讲，人工智能是计算机科学的一个分支，它让机器模拟人类智能，对软件进行编程以模仿人类的行为并像人类一样思考。现在，AI已经可以更多地进行自我发现，在该过程中它被赋予任务，然后努力寻找最佳解决方案。其中一些项目使 AI 开发了自己的编程语言并创建了以前没有的解决方案策略。

根据系统的构成，人工智能可分为两大类。一类是弱 AI，有时也称为窄 AI（Narrow AI），用于狭义的、定义明确的任务。另一类是最近才被定义的通用 AI，有时也称为强 AI。这种类型的通用人工智能（AGI）可以成功执行本该由人类执行的任何任务。

顾名思义，弱 AI 很简单，不涉及很多任务，见图 29。这些系统旨在重复处理特定任务。一个很好的例子是 Microsoft Windows OS 的 Cortana，Apple 上的 Siri 和 Amazon 上的 Alexa。这些 AI 助手的目标范围都很狭窄，旨在回答你向他们提出的问题。

强大的 AI 系统，众所周知的通用人工智能，可以执行多种不同的任务和功能，并且在灵活性和学习能力上更类似于人类的思维，如图 29 所示。这些系统通常通过软件编程从而实现自我开发。人类没有对它们进行编程，因此人类创造者并不总是完全理解它们。也就是给 AI 训练的数据，然后它自己编程来解决问题，而无须人工干预。智能汽车是强大的 AI 系统的最佳应用之一。

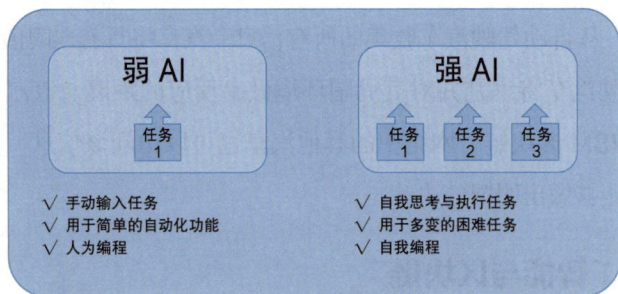

图 29 弱 AI 和强 AI

机器学习是 AI 的重要组成部分之一。机器可以学习统计模型和计算机算法，然后在无须人工干预的情况下做出明智的决策。机器学习可根据实时的输入以及与外部环境的交互来加强。

人工智能的历史

人类憧憬着在创造 AI 这个词之前使用它。古希腊人有关于机器人的神话，中国和埃及的工程师们尝试建造和制作自动化机器也有超过 1000 年的历史。但是，这个词直到 1956 年在达特茅斯大学（Dartmouth College）举行的一次会议上才被创造出来。1956 年夏天举行的达特茅斯夏季人工智能研究项目拉开了 AI 领域的序幕。

发展到今天，利用区块链和 AI 的组合开发创新应用程序的机会有很多。区块链创建安全的分布式账本，公有链产生加密货币。人工智能可以通过匿名开展贸易，在全球范围内保护信息，从训练人工智能的数据源中获得更好的声誉，同时智能合约可以包含通用人工智能。

利用区块链技术赋能 AI 的公司

在本小节中，我们将进一步研究以下结合了人工智能和区块链的创业公司的项目：

■ SingularityNET;

■ Enigma;

■ Matrix AI Network。

SingularityNET

该平台是汉森机器人公司（Hanson Robotics）的创意。在制造出第一个机器人索菲亚（Sophia）之后，这家公司登上了新闻头条。索菲亚是沙特阿拉伯的公民。机器人技术应用了 AI，这解释了为什么它们会随着时间的推移而变得更好，并且能够根据从外部世界收集的信息做出决策。在开发诸如索菲亚的共情、听觉和视觉等功能时，该平台至关重要。

SingularityNET 的主要目的是构建去中心化 AI 市场，以使其易于资助和开发 AI 系统。这个市场拥有一个由来自世界各地的 AI 算法提供支持的网络。市场是开放的，开发人员和企业所有者可以通过买卖 AI 数据和算法轻松创建 AI 项目。该平台吸引了来自 AI、机器学习和区块链领域的众多参与团队。

Enigma

Enigma 正在创建一个信息市场，以实现安全的链外计算。各方之间共享信息通常是一个危险且不可逆的过程。然后，购买数据的人可能会广泛分发数据，从而造成搭便车问题 [1]。Enigma 旗下的新数据市场名为 Catalyst，它允许组织提供数据，用户可以通过智能合约订阅和使用这些数据。AI 可以使用 Catalyst 市场来促进培训和构建模型。

---

[1]　译者注：指的是经济中某个体消费的资源超出他的公允份额，或承担的生产成本少于他应承担的公允份额。

Matrix AI Network

Matrix AI 正在提供一种解决方案，可以轻松地将机器学习与智能合约相结合。该平台修改了智能合约的执行方式，并提高了其速度，增加了其灵活性、便捷性和安全性。Matrix 利用其挖掘能力来解决昂贵且复杂的 AI 计算。

该平台具有多种语言选项，企业所有者可以轻松地以他们理解的语言来开发解决方案。它是中国重大基础设施项目（包括"一带一路"倡议）的一部分。该项目的主要目的是创建一个基础设施，以提供有效的新陆地和海上路线，以便于世界各地的运输。

6.5 去中心化市场和交易

去中心化市场是一个点对点的平台，允许买卖双方直接互动，区别于 Fruugo、PriceMinister 和 Amazon 等需要第三方参与的平台。去中心化市场没有中央控制权，该市场中的数据通过区块链分布在多台计算机或设备上。

中心化市场是具有中央权限的平台。一方面，它们通常是营利性企业，其创建的流程使你能够与其他买卖双方见面并完成交易，但有时非营利性组织也可以做到这点。例如，如果你想从 Flipkart 或阿里巴巴等在线商家那里购买商品，则该平台是第一个中介，那么你就必须处理你的支付网关即银行，以及送货公司。每个中介机构都会从你购买的产品中分一杯羹，而购买者则承担了所有的成本，这使得最终产品比直接从制造商那里购买时更加昂贵。另一方面，一个中心化的市场将制定你必须遵循的规则，如果你违反这些规则，它有权禁止你进入平台。

随着用户寻求保留对交易的控制权，去中心化市场变得越来越流行。去中心化的市场使你可以控制资金和交易。作为买家，你不必担心卡中的详细信息被盗或每月被收取意外费用；作为卖家，你不必担心信用卡被盗或客户拒付带来的欺诈。去中心化市场有点像"狂野西部"。非法物品贸易很多，欺诈仍然存在。任何人都可以来买卖他们想要的东西。

去中心市场并不是一个新概念，人们已经使用了很长时间。外汇市场就是一个很好的例子，人们可以从世界各地买卖货币。你不需要实地买卖货币，可以通过互联网比较各个交易商的报价。去中心市场的价格取决于外部因素，例如经济时期、通货膨胀、政治因素和稀有资源价格等。将区块链引入去中心化市场会使其更加现实和高效。合并这两个想法的第一个实例就是交易加密货币，但是它在其他行业的应用也迅速受到关注。

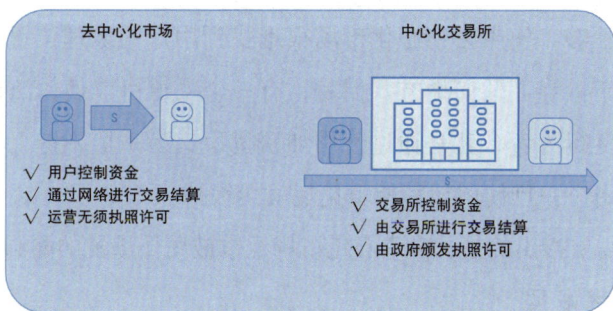

图 30　去中心化市场和中心化交易所

除了加密货币支付外，区块链对去中心化市场的影响之一是使它们更加不易被篡改。即使一个节点被破坏，也不影响正常系统的运行，而且任何人都可以使用。

人们使用去中心化市场的主要原因之一是信任问题。区块链去中心化市场通过带有预设条件的智能合约解决了这个问题。一旦满足合同条件，智能合约就会自动执行，这可以确保没有人能够进行未经协商的交易。

去中心化市场的挑战

如上所述，基于区块链技术的去中心化市场有很多好处，其中最突出的好处包括提高透明度、确保安全的市场、减少中介机构以及保护用户的隐私。但是，由于缺乏法律保护以及新的技术支持，将这两个概念整合起来并不容易。

缺乏法律框架

政府和区域机构对于保护消费者至关重要。他们帮助追查危害消费者并进行欺诈的犯罪分子。去中心市场通常是黑市。不同的政府正在努力制定有关如何控制去中心化市场的法规，但这并不是那么容易的。任何具有一定编程技巧的人都可以创建一个去中心化市场，并允许世界上任何人发布要出售的产品和服务。他们可以在区块链网络内部建立市场，并使其难以宕机或被控制。

去中心市场通过用户审核来为人们导航，但是在审核防伪造方面，他们做得不够。使用去中心化市场很难找到用户的地理位置，因为用户可能位于世界上任何地方。但是，有一个渠道可以使执法部门控制和追踪不良行为者，就是通过使用加密货币交易来监视链上和链下的资金流，用户一旦使用加密货币兑现就会被捕。

其次需要指出的是，去中心化市场经常被用作逃税的漏洞。

新技术发展

新技术起初总是发展缓慢，而区块链市场也不例外。去中心化市场使用许多不同的编码语言和共识机制，接受不同的通证。在 GitHub 上，你可以找到超过 6500 个处于活动状态的区块链项目，并且全部使用不同的方法。

目前市场上已经开始为新技术建立了一些标准。以太坊 ERC-20 之类的举措就是通证标准化的典范，可实现更好的互操作性。电气电子工程师协会（IEEE）等组织正在努力创建允许开发和采用区块链技术的标准。各类大学也开始做出积极努力，例如牛津、斯坦福和伯克利都有区块链计划。

失去客户联系

你每次都前往自己喜欢的商店是有原因的，很可能不仅是因为产品的质量，还因为服务的质量。从他们那里收到个性化消息可能让你回到交流平台。中心化市场主要集中于用户体验，但是你不太可能在去中心化交易平台上获得很多体验上的收益。后者中的开发人员是贡献者，他们可能不会过多关注用户体验。

热门的去中心化市场和交易所

现在已经有许多去中心化的市场和交易所。现在甚至经常看到它们内置在诸如 Waves 之类的加密货币钱包中。以下三个是值得探索的去中心化的市场：

- OpenBazaar；
- ModulTrade；
- FundRequest。

OpenBazaar

它是最古老的去中心市场之一，在 2014 年之前被称为 "黑暗市场"。你可以在 OpenBazaar 上开设免费商店或电子商务网站，并列出你的产品。它不像其他在线商家（如 Amazon、Alibaba、eBay）收取佣金，这意味着你可以以较低的价格出售商品。你需要下载充当网络浏览器的软件脚本才能使用此市场。

区别在于它具有托管服务，该托管服务将资金保留到货物交付为止。你不需要信用卡，因为你可以使用比特币、莱特币和以太坊等加密货币来支付。

ModulTrade

ModulTrade 是一个平台，可帮助小企业与市场上的大品牌公平竞争。大多数小规模交易者都发现很难跨国界进行交易，但 ModulTrade 希望将其推向全球。这个平台已经实施了三个步骤，使这一想法变得切实可行。

买卖双方签订了一份带有一些指导原则的智能合约，这是第一步。然后，购买者将资金输入托管户，这是第二步。最后，卖方提供产品并将其运送给买方。智能合约将维护活动标签，并在满足所有条件后自动执行。

FundRequest

FundRequest 市场是开源软件开发的平台。软件开发人员是去中心化市场和区块链领域的关键参与者。作为企业所有者，你可以雇用开发者解决例如安全审核、错误修复或者其他问题。你与开发人员进行一对一的互动，解释你的问题或要求，并向他们付费以解决这些问题。研究表明，开源软件每年可为企业节省 600 亿美元。

FundRequest 具有一些控制措施，可以保护买方和开发者。它具有称为 FND 的原生通证。开发人员必须在平台上放一些 FND，以确保他们能够完成这项工作。如果未能如期完成项目，将会导致经济损失，这样可以确保开发人员所承担的工作不会超过他们一次可以处理的工作。

6.6 小结

本章描述了分布式账本和区块链技术如何重塑数字身份。全球化和局部动荡强化了对快速、准确地验证个人身份的需求，并使人们拥有无法因自然灾害或战争而遭到破坏的身份。

我们已经介绍了 AI 革命和 AI 发展的两种主要类型。此外，我们研究了个人如何在素未谋面且没有第三方支持的情况下在全球开展业务。这三种技术都是以独特的方式重塑我们如何验证自己、开展业务以及优化系统的未来。而且，我们创建数据的方式、分发数据以及处理数据的方式正在悄然发生变化。

6.7 本章小测验

1. 在线存储个人信息的数据库不会受到破坏。

　　A. 是
　　B. 否

2. 如何在区块链中保护身份数据？

　　A. 使用区块链保护的数据与哈希值捆绑在一起，这使大规模数据泄露非常困难。

　　B. 用区块链保护的数据被分解成较小的单元并发布，以便每个人都可以读取。

　　C. 用区块链保护的数据被锁定在智能合约中，这使得大规模数据泄露非常困难。

D. 用区块链保护的数据被分解为较小的单元，这使得大规模数据泄露非常困难。

3. 什么是自我主权身份？

A. 一个不能丢失或破坏的自主权的身份。

B. 一个非政府组织在网上发布的自我主权身份，非常适合难民。

C. 自我主权身份是由个人而不是第三方管理的身份。

D. 自我主权身份是由第三方而非个人管理的身份。

4. 什么是合法身份？

A. 合法身份是政府签发给你的文件，例如出生证和驾驶执照。它们在你和你所在的国家或地区之间建立了联系，并向你授予该政府的保护和权利。

B. 法律身份是由私人组织发布给你的文件。它们在你与授予你权利和特权的组织之间创建连接。

C. 法律身份由政府在线存储，它们在你与你所在的地区之间建立连接，并向你授予该政府的保护和权利。

D. 合法身份在你与家人之间建立了联系。

5. IoT 代表什么？

A. 工业网络技术（Industrial Online Technology）

B. 物联网（Internet of Things）

C. 工业联网设备（Industrial Organized Things）

D. 技术互联网（Internet of Technology）

6. 为何物联网设备易受攻击？

A. 物联网设备可以直接被黑客入侵，因为它们的身份已在中央数据库中保护，只有一个密码可以管理多个设备，并且可以在数据传递过程中进行欺诈。

B. 物联网设备可以直接被黑客入侵，因为它们只有一个密码，通常只是管理多个设备的"密码"。

C. 物联网设备可以直接被黑客入侵，因为只有一个密码可以管理多个设备，并且数据传递过程中也可以被欺诈。

D. 物联网设备无法直接被黑客入侵，因为其身份已在中央数据库中得到保护。

7. AI 代表什么?

A. Artic Internet

B. Armed Intelligence

C. Arbitrary Intellect

D. Artificial Intelligence

8. 人工智能的两种类型是什么?

A. 可以完成人类可以做的任何事情的广义 AI 和专注于一项任务的简单 AI。

B. 弱人工智能和超级人工智能。

C. 机器学习和弱 AI。

D. 弱 AI 或有时称为窄 AI。它用于狭义、定义明确的任务。另一类是通用 AI，有时也称为强 AI，可以执行多个任务。

9. 什么是去中心化市场?

A. 去中心化市场是一种点对点平台，允许买卖双方直接互动，而无须第三方参与。

B. 去中心市场是允许买卖双方买卖商品和服务的平台，例如亚马逊或阿里巴巴。

C. 去中心市场是一个开放的平台，允许你买卖所需的任何东西。

D. 去中心化市场是一个开放的平台，允许买卖双方直接互动，并使用第三方解决纠纷。

10. 哪三种是流行的去中心化交易所?

A. Amazon，ModulTrade，FundRequest

B. Ripple，Ethereum, Bitcoin

C. OpenBazaar，ModulTrade，FundRequest

D. Apple, Amazon, Alibaba

第 **7** 章
区块链与世界经济

世界经济的联系日益紧密，全球化极大地改变了人们和社区的生活方式。日新月异的技术变化以及商品、货币和人员流动性的增加，极大地加剧了我们当前所使用的系统的紧张程度。区块链技术是众多创新之一，既可以实现新的全球化水平，又可以帮助现有的一些机构进行自我改造。

世界各主体相互依存，尽管在许多方面会存在很大压力，但世界 GDP 还是从 2000 年的约 50 万亿美元增长到 2017 年的 80 多万亿美元。通过分析当前的系统以及新的趋势，从而制定能够解决问题的商业和政治解决方案，是应对这些挑战的关键要素。

区块链技术可以增强和提升全球化的许多关键系统的效率。在本章中，你将了解有关供应链、跨境支付、法定数字货币和保险所面临的挑战以及当前区块链技术应用的更多信息。

7.1 供应链行业

供应链是公司及其生产和分销产品的供应商之间的网络。整个行业主要由独立的营利性公司组成，所有公司均从事产品的生产和交付。该网络协同工作，在我们全球化的世界中，这意味着在全球范围内进行原材料、零件、装配、运输和数百项行动的协调。这些全球网络严重依赖于记录保存系统以及与相关方安全、准确地共享信息的能力。

美国的供应链市场在 2016 年的估值为 130 亿美元，预计到 2021 年将超过 190 亿美元。一方面，美国的供应链分析市场侧重于大数据和预测分析的使用，2017 年价值 30.5 亿美元的供应链部分，预计到 2025 年将超过 98.8 亿美元；另一方面，美国的供应链管理市场涉及商品和服务流的管理，其 2017 年的价值为 129.6 亿美元，预计到 2026 年将增长到 306 亿美元。

整个行业的增长加剧了竞争，并需要尽可能提高效率。区块链技术创建的可由多个利益相关者协作的全球可访问记录的能力具有巨大的潜力。与协作记录保存功能不同的是，区块链技术的另一个优势是通过软件系统就可以转移价值或通证化的所有权。

过去的供应链

供应链的发明可以追溯到史前时代，源于一些人需要与另一些人进行贸易。在人类发展的历史中，货物的运输很多时候都是困难、危险且昂贵的。仓库是较早的供应链创新之一，旨在帮助保护资产、降低成本以及稳定供应和价格，它们被战略性地修建在原材料和货物生产的附近。

随着贸易路线的建立，贸易中心之间的供应商、仓库和运输服务的线性网络得到了进一步的加强。今天，中国与欧洲大陆之间的丝绸之路，中亚和印度洋的香料之路都广为人知。

工业革命的发生是由于制造和生产系统化方面的突破。所有新产品都要求改善运输技术，包括铁路、航运（包括蒸汽船）和道路。

电信的诞生改变了游戏规则，它使供应商、制造商、托运人和买主几乎可以进行即时沟通，而之前这要用几天或几周的时间。它使供应链革命中的通信更加高效，与集装箱化相结合，产品被堆叠和存储在一起，再经过后期运输，从而节省成本，供应链也因此变得更加高效、便宜和快捷。供应链中每个级别的技术和能力仍然存在差异。但是，随着智能电话和其他数字设备的价格持续降低，写字夹板和纸质提单将被其数字版本取代。

未来的供应链

未来几种可预期的趋势将影响供应链行业。例如，法律、条约和贸易协定可以在政治和地理上改变供应链。经济制裁阻止了货运和船舶进入，破坏了供应链网络，从而造成了经济壁垒和贫困。

此外，允许某些国家参加国际自由贸易的自由贸易协定，同时对非参加者施加制裁，也会影响该网络。这些协议和制裁严重影响了供应链网络的工作方式，并有可能破坏整个供应链行业。这听起来可能对市场具有破坏性，但这些措施对于帮助阻止非法商品流动、减少人类奴役和保护知识产权是必要的。

此刻，供应链的变化再次经历了技术的新革命，各个方面的自动化已开始显现。沃尔玛是世界上最强大的供应商之一，并控制着庞大的全球网络，它已开始实现记录保存系统的自动化，从而可以准确地知道在哪里获得所售商品。从表面上看，这听起来很容易，但是对于由分包部分产品的全球承包商网络而言，确定某些产品的确切来源是非常困难的。沃尔玛通过一个成功的试点项目，现在可以追踪来自 5 个不同供应商的25 种产品的来源。它应用了超级账本基金会的私有许可链的区块链技术。该公司计划在不久的将来会将该系统推广到更多产品和类别。此后，沃尔玛宣布将开始要求其所有新鲜绿叶蔬菜供应商使用其区块链来追踪其产品。

NFC（近场通信）和 RFID（射频识别）都是无线通信的形式，它们通过商品的自动识别和跟踪，大大提高了仓储、运输和会计的效率。这些技术已与区块链记录保存系统配合使用，再次使供应链的另一层自

动化，即始终记录物品的位置、拥有者的所有权和时间。全球最大的
NFC 和 RFID 标签制造商 Smartrac 已经推出了集成的文档验证和身份验
证解决方案。该解决方案使用了其物联网支持平台 Smart Cosmos、NFC
应答器和公证通区块链技术。这些标签可用于零件、原材料和文档之类
的事物，有望提高跟踪效率并减少供应链中的欺诈行为。

使用区块链技术的供应链

供应链行业中有许多初创公司正在使用区块链技术来提高效率和自
动化程度，并减少欺诈。 在本节中，你将了解有关三个创新公司的更
多信息：

- Everledger；
- OpenPort；
- ShipChain。

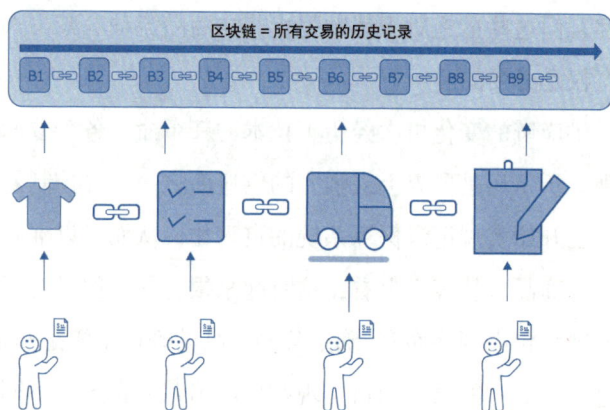

图 31 供应链——多方随时间推移的记录构建了物品的全生命周期

Everledger

Everledger 是区块链领域最早从事供应链管理的初创公司之一。它
在产品的买卖过程中创造了可共享的所有权历史。所有权链允许用户验
证产品是否符合道德标准且是否为正品。

Everledger 对于钻石等难以追踪的商品特别有用。此外，随着越来

越多关于食品和葡萄酒假冒伪劣的丑闻出现，它可以帮助消费者购买具有明确的货物供应链记录的物品。如果怀疑某物品是欺诈性物品或包含有问题的部分，通过 Everledger 则很容易认定。

OpenPort

OpenPort 是供应链行业中的另一家新兴公司，为风险管理提供解决方案。OpenPort 通过区块链提供一种数字化发行方式，称为交付证明，以确保现金流和跟踪实时传输。它提供了一种使用数字支付和加密货币进行交易的有效方法，并有助于创建智能联系人，从而能够更快、更高效地处理交付和运营。

如上所述，OpenPort 的应用程序通常专注于实时过程。这包括有效地跟踪货物以及在托运人和运输人之间建立透明和直接的联系，使运输商和托运人就所运输产品可能需要的任何特定要求进行直接沟通。

该公司还使用自己的数字货币——OpenPort 的通证（OPN）。此通证将允许在托运人和运输人之间创建智能合约，从而使流程更容易、更快捷。

OpenPort 旨在通过使用 ePOD（电子签收证明）来替代纸质文件，最大限度地发挥技术的力量。这将有助于加快交易流程，确保供应链的顺畅运作。

ShipChain

ShipChain 专注于货运跟踪和交付，通过使用透明的区块链合约为供应链行业提供一个完全集成的系统，以帮助跟踪每次运输中货运和产品的位置和状态。这种独特的可见性产品使消费者能够跟踪他们的产品，同时确保其隐私的安全性。

ShipChain 提供三个主要服务：可见性、信任和控制。ShipChain 的主要目标是为消费者提供可见性，以跟踪他们的货运并将所有这些整合在一个平台中。ShipChain 使用区块链技术编辑智能合约，以确保向用户提供防篡改的数据。最重要的是，ShipChain 允许消费者控制自己的数据，并根据他们认为合适的方式对数据的发布进行控制。

7.2 跨境汇款

跨境汇款（又称汇款）是一种电子化的汇款服务，通过将资金从一家银行转移到另一家银行（资金的收款人居住在收款人所在的国家或地区）来完成。它是一个快速增长的竞争性产业，复合年增长率为 10.4%。根据世界银行（World Bank）的数据，2017 年全球个人相互汇款为 5800亿美元，预计这一数字到 2023 年将增至 7500 亿美元。

跨境汇款一般有两种类型，具体取决于管理资金的银行和消费者希望执行的转账类型。银行间跨境直接转账是指进行资金转账的两家银行在另一家银行中都设有一个账户，并使用 SWIFT（环球银行金融电信协会）作为媒介，对账户进行相应的记账。

跨境间接银行间转账是第二种汇款方式，其中两家银行均未在另一家银行开立账户，而第三方必须作为两者之间的通信和交易的中介。在这种情况下，SWIFT 将负责寻找两家交易银行都在其中开户并从那里进行交易的银行。请注意，与银行间直接转账相比，间接银行间有另一层通信和提供者，因此，完成该过程通常需要更长的时间。

跨境汇款的历史

人与人之间的交易是从公元前 600—前 300 年的易货系统开始的，交易者用白银、黄金和其他宝石交换诸如香料、羊毛、丝绸、葡萄酒等商品。

最早由银和金制成的硬币在公元前 610—前 600 年前后流通。土耳其当时被称为吕底亚（Lydia），它将这些硬币用作本国货币，作为交换手段。

在 15 世纪，意大利美第奇家族在国外开设了几家银行以提供外币。他们以引入复式记账法而闻名。复式记账法是审计和会计的一场革命。它使企业和银行能够更准确地平衡其账户，并为其积累大量财富铺平了道路。区块链也被视为会计领域的革命。区块链支持的资产具有自我认证和清算功能，并在分布式账本中结算。你可以将其视为三式记账法。

它们始终保持平衡，以防止欺诈和假冒资产的流通。

德国商人家族富格尔是继美第奇家族之后掌权的著名银行家。他们通过与东方的贸易，其采矿业务和银行业务控制了很大一部分的欧洲经济。他们是历史上最富有的家族，也是最强大的家族之一，这再次说明，那些利用创新（例如复式记账法）的人可以积累大量财富。

在 17—18 世纪，阿姆斯特丹致力于维护活跃的外汇市场，所有这一切都是为了英格兰和荷兰的利益。在 18 世纪后期，美国采用了美元，这是目前世界上公认的最佳货币。

跨境支付创新

在 19 世纪中期，西联汇款（Western Union）成立了，并发起了电汇。此过程通过其电报网络将电子资金从一个人或一个实体转移到另一个人或实体，从而有效地帮助人们在境内和境外实现资金转移。西联汇款现在仍在帮助处理全球范围内大部分的个人汇款。

到 20 世纪末，SWIFT 的全球网络已成为负责大多数国际支付的实体。尽管它不转移资金，但该网络可促进银行之间的消息传输，有效地帮助银行进行直接通信，从而简化了国际汇款过程。

到 20 世纪末，PayPal 再次改变了货币的流动方式。它利用 Barclays 付款通道来实现在线汇款。这使个人用户可以放心地在网上购买产品和服务，并且在将互联网从被动的信息体验转变为主动的体验方面发挥了重要作用。

未来的跨境支付

区块链技术现在正在再次改变货币的流动方式。新加坡金融管理局与区块链公司 R3 合作，于 2016 年使用区块链技术进行了首次银行间付款，这意味着银行可以全天候交易和结算，并且不再受时区和办公时间的限制。

价值记录是自我认证的，因此几乎可以即时进行全球 24×7 汇款。例如，如果你持有一美元，那么你就会知道该美元是你的，除非用武力从你手中夺走。实际上，纸币是一种不记名票据。不记名票据赋予持有

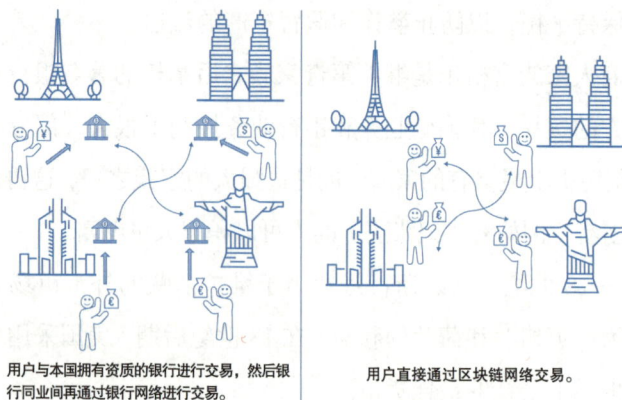

用户与本国拥有资质的银行进行交易，然后银　　　　用户直接通过区块链网络交易。
行同业间再通过银行网络进行交易。

图 32 跨境支付：银行系统与区块链系统

人所有权的权利。加密货币和通证是不记名票据的数字等价物，可以证明其真实性。

　　加密货币面临的关键问题之一是权威性和合法性。传统模式中，政府控制创造货币的权力，并且它们允许银行向公众提供这种服务。加密货币是普通百姓（grassroots citizen）创造出来的，许多政府都加以禁止。但是，该技术引入了许多新功能，可以帮助降低会计和欺诈成本，一些中央银行对此颇有兴趣。2019 年，新加坡和加拿大的中央银行通过其私有区块链在没有第三方的情况下互相发送了数字货币。

　　新加坡金融管理局（MAS）通过链接两个分别称为 Ubin（新加坡）和 Jasper（加拿大）的独立分布式账本（私有区块链），向加拿大银行（BoC）发送了资金。它们希望将网络扩展到更多中央银行的私人区块链，从而降低成本并提高效率。

跨境汇款的三大挑战

　　跨境汇款行业面临着不同的挑战。最值得注意的三大挑战是高成本、不断变化的汇率和欺诈行为。

　　汇款的交易过程通常会有很多开销。根据世界银行的数据，汇款人的平均费用为 7.21%。尽管费用正在下降，但仍受到外汇的不稳定变化的影响。汇款中心和银行收取一定比例的款项作为处理费用。使用区块链技术的银行可以立即进行清算和结算。因此，外汇波动不再是问题，私有区块链上的每笔交易成本都可以忽略不计。

如上所述，汇率每天都在变化，并且取决于该国经济状况。价格每天都不同，有时甚至每小时都不同。这种不稳定状态意味着，在你从一个国家或地区发起交易到另一国家或地区执行交易的期间，汇率随时间发生了变化。区块链技术为解决这个问题引入了另一种不只可以更快地转移资金的解决方案，即所谓的稳定币。

稳定币不同于加密货币。它们是代表法定货币的通证。法定货币是政府支持的任何法定货币。如果你还记得在前面的示例中一种被称为法定货币的纸质美元，作为一种不记名工具，它赋予持有人全部的所有权。稳定币与中央银行所做的工作之间，除了某种技术结构的不同之外，另一个重要区别在于，普通人可以持有稳定币，而只有已知成员才能读写其区块链网络。

欺诈是跨境支付中的关键问题和成本驱动因素。美国支付款欺诈与控制调查（The American Payments Fraud & Control Survey）发现，电汇欺诈的数量已超过信用卡和借记卡欺诈。自 2014 年以来，这种情况对公司产生了重大的影响，影响了 64% 的企业，而且这一比率还在飙升。这一趋势是由冒名顶替欺诈行为的流行激增所驱动的，而这种欺诈行为是由于大规模数据泄露，例如 Equifax 黑客暴露 1.43 亿美国公民的个人信息，人们用来识别自己的传统凭据变得不再安全可靠，因为它们已经在全球范围内公开了，电话号码和电子邮件的泄露很容易让公民遭受损失。对此，区块链可能有一些有趣的解决方案，允许个人使用具有时间顺序和证明的身份。

7.3　金融变革代理

许多区块链技术公司一直在努力争取在汇款领域的市场份额。在本部分中，你将了解更多关键公司以及它们为变革银行技术所做的工作。

Ripple

来自加拿大的 Ripple 现在已经发展成为金融技术领域最具影响力的领导者之一。 它的区块链类似于公共和私有区块链技术的结合，其具有两个关键功能。 它们是：

■银行可以用来在全球范围内结算付款的通用账本；

■用于尚未完善交易市场的有价物品的中立的交易协议。

Ripple 提供的主要服务：

■实时付款；

■全面的交易可追溯性；

■实时对账；

■有可以转换大部分类型的货币、商品或通证的能力。

R3

R3 是一家总部位于纽约的区块链开发公司，最初是由一些银行组成的财团，希望建立金融技术和区块链标准。 自那时以来，它已成长为世界上最重要的区块链开发公司之一。 他们在银行和保险公司内部设计并试行了许多区块链计划。

R3 的区块链协议被称为 Corda。 它是一个分布式账本平台，旨在管理和同步受监管金融机构之间的金融协议。这意味着它是私有的，不使用加密货币。 Corda 的主要特征包括：

■受控访问，仅指定方可以查看数据；

■没有中央控制；

■符合法规并可以进行监督；

■交易只能由授权的验证者验证；

■支持许多共识机制；

■没有加密货币。

COTI

COTI 是一个提供电网支付的区块链平台。 这是一家金融科技公司，通过提供数字货币来提供平台和支付解决方案。利用区块链技术，COTI 旨在提供一种可扩展且安全的方式来处理交易。

COTI 开发了一种革命性的方法，可通过其平台简化汇款处理。它旨在提供一种便宜、即时、顺畅、无摩擦的方式来进行所有跨境汇款。

除汇款技术外，COTI 还提供各种产品，例如白标支付网络、会员网络、稳定币和 COTI 支付。

Everex

Everex 参与了智能合约和稳定币的开发，以支持商业和中央银行的数字货币计划。智能合约代替通证和加密货币与区块链技术一起用于交易。

Everex 通过其应用程序提供了一个钱包，支持使用数字法定货币和资产通证来交换多种货币的法定存款。它提供了向包括你在内的任何人汇款并以不同的货币和数字资产付款的选项。Everex 通过 ATM、银行账户或现金提取提供不同的法定货币。

SendFriend

SendFriend 是一种应用程序，提供了降低成本和改善与汇款相关的体验的有用方法。例如，此应用程序专门针对海外菲律宾工人汇钱养家。SendFriend 通常采用较低的费用来使菲律宾人更容易付款，通常在线发送汇款后几分钟就可以提取了。最重要的是，它通过其尖端技术提供了安全可靠的应用程序。

7.4 小结

供应链与商品和服务的支付之间的联系越来越紧密。区块链技术和分布式账本是一种潜在的有助于缓解全球化之下某些紧张局势的解决方案。它们使人们能够获得更多的商品和流动资金，同时降低成本并提高透明度。

本章描述了我们当前的系统是如何转移物品和金钱的。你已经了解了允许原材料生产商、制造商、供应商和其他生产商创建和分销产品的供应链互联网络。你了解了 SWIFT 网络如何允许银行进行通信，也已经知晓了两种类型的跨境汇款——跨境直接银行间转账和间接银行间转账。

区块链技术和分布式账本技术正在增强许多全球化的关键系统并提高其效率。现在，你对公司和银行如何使用透明记录来帮助减少欺诈行为有了更好的了解，并且知道了银行和公司如何利用自我清算和结算资产的优势。

7.5 本章小测验

1. 什么是供应链？

A. 供应链是公司用于全球买卖商品的区块链网络。

B. 供应链是政府之间的网络，可追溯企业的所有权记录生产和分销产品的供应商。

C. 供应链是公司与其生产和销售产品的供应商之间的网络分发产品。

D. 供应链使用户可以了解他们如何创建自己的产品。它显示了生产和分销产品的供应商与制造商之间的联系。

2. 供应链中如何使用区块链技术？

A. 区块链创建一个可全局访问的记录，可以由多个利益相关者进行协作。

B. 区块链创建私人记录，可以由多个利益相关者进行协作。

C. 区块链创建全球可访问的记录，任何人都可以随时查看。

D. 分布式账本创建全球可访问的记录，供应链中的每个人都可以进行协作。

3. 什么是汇款？

A. 汇款是关于未在 SWIFT 之类的网络中链接的两个银行之间的货币通信。

B. 汇款是指资金的受益人居住在收款人所在国家或地区之外的汇款。

C. 汇款是指银行因允许客户洗钱而支付罚款。

D. 汇款是一种区块链技术，可以直接在双方之间转移资金。

4. 两种汇款方式是什么？

A. 边境直接银行间转账和跨银行间转账。

B. 直接银行间转账和间接银行间转账。

C. 直接银行间转账和非银行间转账。

D. 跨境直接银行间转账和间接银行间转账。

5. SWIFT 代表什么？

A. Society for Worldwide Interbank Fiscal Telecommunication.

B. Safer Communication for Worldwide Interbank Fiscal Communication.

C. Society for Worldwide Interbank Financial Telecommunication.

D. Society for Wider Interconnectable Fiscal Telecommunication.

6. SWIFT 的主营业务是什么？

A. 这是一个促进银行之间消息传输的网络。 SWIFT 允许银行直接进行沟通，并简化了国际汇款流程。

B. SWIFT 是由银行组成的财团，它们在区块链网络上进行了合作，该网络促进了银行之间的消息传输。SWIFT 允许银行直接进行沟通，并简化了国际汇款流程。

C. 它是一家为其他银行存钱的银行。 SWIFT 允许银行直接进行沟通，并简化了国际汇款流程。

D. 这是一个促进银行之间资金直接流动的网络。 SWIFT 允许银行相互进行汇款，并使国际汇款过程更加容易。

7. SWIFT 是否转账实物货币？

A. 是

B. 否

8. 为什么汇款具有挑战性？

A. 汇款是免费的，没有汇率波动的风险，也不是欺诈的目标。

B. 汇款很困难，因为政府对转账施加了严格的限制，例如 AML（反洗钱）和 KYC（了解您的客户），而通证和加密货币用户则不会受到此类限制。

C. 汇款成本高，汇率波动，是欺诈的目标。

D. 汇款已经快速，便宜且容易。区块链技术对银行没有任何优势。

9. 当使用加密货币或通证进行跨境转移时，会转移所有权吗？

A. 是

B. 否

10. 区块链技术如何降低汇款成本？

A. 像 SWIFT 这样的区块链是银行的信息平台，它可以帮助银行更快地沟通。

B. 区块链为银行创建了一个有效的中央数据库，以检查所有权记录。 通证和加密货币可以创建明确的所有权历史记录，因此可以帮助减少某些类型的欺诈和洗钱活动。

C. 通证和加密货币不会减少用户承受汇率波动的时间。 由于没有明确的所有权历史，它们会增加欺诈和洗钱活动。

D. 通证和加密货币是自我认证的，几乎可以立即结算，减少了用户承受汇率波动的时间。 通证和加密货币可以创建明确的所有权历史记录，因此可以帮助减少某些类型的欺诈和洗钱活动。

第8章
区块链与商业应用的前沿领域

本章重点介绍区块链技术正在重塑的三个行业。第一部分介绍数字法币，区块链技术使我们能进行去信任的在线和离线交易，同时银行和政府也正在采用这种技术来改善货币体系。第二部分介绍保险公司如何应用区块链来改善运营，并实现去信任的交易与智能合约，它们希望在降低成本的同时改善客户体验。第三部分介绍知识产权，你将了解个人和公司如何通过区块链技术保护知识产权，并在线共享他们的想法和计划。

这三个行业都希望利用分布式系统来改善信息价值的共享。本章的知识非常重要，因为它为我们理解这三个与我们日常业务密切相关的行业提供了所需的洞察力。

阅读完本章后，面对未来全球范围内货币运行机制的改变，你将做好充足的准备。你也会理解未来保险公司是如何确定类似"谁在什么时间做了什么事"这样的重要事件的真实性，以及如何通过 IoT 设备自动化事件发现与记录过程。你将对全球知识产权的新趋势以及信息商品和实物商品的发展产生自己的洞见。

8.1 数字法币

中央银行数字货币（CBDC），通常称为数字法币，定义为特定国家（或地区）法定货币的数字表示形式，并由该国货币主管当局发行与监管。

数字法币是该国法定货币的数字表示，并由该国的外汇和黄金等金融储备背书。基于数字法币的设计模式，货币可以由私营银行或中央银行发行，按需兑现，且几乎可以即时结算。通过数字法币，没有银行账户的用户也可以拥有存款，只是这时拥有的是中央银行而不是私营银行的存款，且在利率上会有所不同。这样一来，即使没有传统的个人银行账户，每个人也可以存款与交易。

中央银行正在探索数字法币的概念，即有类似 eCurrency、私有分布式网络 Fnality 的中心化方案，也有类似 Blockstream 上 Liquid 的区块链解决方案。这些方法在数字法币单元结构上都稍有不同，但概念都类似于区块链加密货币和通证。它们都可以自我认证。防止伪造且是数字化的不记名票据，可以在没有信任的银行之间瞬间完成清算和结算。数字法币将为个人和企业提供更简便的电子和全球交易方式，因为它既具有加密货币的某些最佳特性，又具有中央银行的权威性。

数字法币的发展历程

数字法币是金融科技行业的一个新概念。在世界范围内使用电子科技作为一种金融交易方式的概念近些年来已逐渐被接受，但它同时也引起了人们对其作为未来货币可行性的争论。中央银行需要提供兼具安全性与流动性的金融工具，既要考虑到公众使用，又可以作为中央银行间资金交易清算的主要方式，因此将数字法币作为一种金融交易合法形式的可行性仍有待进一步研究。这也是所谓的"银行同业清算"。全球范围内，许多人已经在进行电子交易，且在购买或接受付款时没有感觉到太大不同。

促进数字法币的另一动机是经济实用性，尤其是在新兴经济体中，数字法币将能够减少印刷和铸币的成本，同时也可以与物理货币统一管理。反过来说，它有助于防止造假和洗钱等问题。同时随着纸质文档的使用越来越少，数字法币也为大众提供了一种合理有效的解决方案。

数字法币促进数字化向着更好的技术方向演进。但并非每个人都有商业账户，也不是所有人都能最大程度上享受这些电子技术工具带来的好处。推广数字法币将迫使各国改进其技术，从而使贫困的地区能够更广泛地使用电子货币。到目前为止，用于管理身份和加密货币的技术的成本已经下降到几乎人人可用，因此，即使在最贫穷的地区，只要拥有智能手机就能享受其便利性。发展中国家的智能手机普及率平均达到82%[1]。

与其他区块链创新一样，数字法币消除了对包括传统银行在内的许多中介机构的需求。为了持续经营，传统银行需要提供更多额外的金融服务，而不只是保证资金的安全。信贷和投资产品将成为核心，因为未来全球范围内每个人都将可能成为自己的"银行"，不再依赖银行持有货币和发送交易。

数字法币也可以用来稳定正在衰退的经济体和国家。例如，中央银行可以在几分钟之内将资金直接推给数字钱包持有人，从而给个人带来资金并助推经济。首次代币发行利用"空投"的概念，将其代币发送到数字钱包。这些空投将启动一个新的项目，并帮助它获得关注。

在 2019 年，超过 19 个国家正在将数字法币视为有形货币的有效替代品，以用作法定货币。基于他们的研究和试验，对数字法币的进一步改善将有望打破整个金融格局，尤其在它成为某个国家的法定货币之后。

数字法币行业的主要挑战

数字法币仍在改进中，并且尚未得到充分实施，因此关于其完整性的争论从未停止。有关数字法币的监管制度、标准和对传统法定货币长期影响的问题一直存在。数字法币拥有重大的政治意义，因为它将可能颠覆银行生态系统内许多成熟的金融业态。这些业态也是银行业内数字法币落地的阻力，因为数字法币会影响他们目前的盈利模式。

---

[1]　资料来源：德勤，《全球移动消费者趋势》，第二版，2017 年。

　　对数字货币实施监管是一个热门的政治话题，因为发行货币可以使银行和政府获得经济控制权。如果有人能够操纵货币供应，就会对经济造成严重破坏。目前，全球共有 162 家中央银行。每家银行都可以向其管辖区发行货币。但是，每家银行都需要与其他中央银行进行清算和存款余额结算。利用加密货币，他们可以在银行之间更快、更低成本地进行资金流转。数字法币"审计"和其他特性引起的问题，因其性质不同严重程度也不同。

　　当前有多个区块链、分布式账本和中心化方案，为银行试验通证、加密货币和其他类型的数字法币提供了广泛的工具与平台选择。关于使用何种技术和其标准的统一仍需要一段时间的探索。因此，数字法币在所有国家和地区的推广将需要很长的时间，这也是个重大的挑战。但仍是有希望的，例如 Norway's City Coin 和 Austria's Vienna Token 都是令人鼓舞的例子。到目前为止，阿联酋、加拿大、意大利和南非都在探索加密货币作为法定数字手段。

对有形货币的长期影响

　　发行货币本身就是赚钱的生意。中央银行需要充足的资金来与印刷公司合作开发印刷机器，并确保向公众发行货币的质量。转向使用数字货币将有助于降低中央银行每年在有形货币研发上的花费。但是，这可能会终结货币印刷业，因为对有形货币印刷的需求将减少。

8.2　银行与货币市场的破局者

　　许多创业公司正在寻求区块链技术的使用机会，将其用于提高银行业务效率。这可能对金融生态系统产生颠覆性影响，范围从零售业务到货币本身的发行。在本节中，我们将介绍一些有趣的区块链银行公司和数字法币软件。

eCurrency

　　eCurrency 是一家软硬件公司，提供了多种中心化服务，它帮助银行安全地发行自己的数字法币。该公司由 David Wen 创立。eCurrency

Monarch™ 系统创建了一个数字法定货币工具，使多方合作主体间能够即时结算。与区块链系统一样，该系统允许监管机构实时了解电子货币的透明度。他们提供的仪表板和报告，为监管者和发行人提供了法律所要求的工具和隐私保护。

Blockstream – Liquid

Liquid 是可以由中央银行使用的交易所之间的结算网络。它将世界各地的加密货币交易所和机构联系在一起，旨在实现更快的比特币交易和数字资产（例如数字法币）的发行。

Ripio

Ripio Credit Network （RCN）是基于区块链的全球信用网络，用于连接金融科技公司、金融机构和债权人，以创建一个透明的、无边界的债券市场。它使用区块链技术来帮助创建更好的贷款解决方案。散户债权人无须任何第三方网络即可直接获得资金，从而降低了运营和融资成本。

基于用户的申请，Ripio 提供两种主要服务。金融公司可以为来自各地的客户提供贷款，还可以洞悉全球债券市场。散户可以在加密货币的熊市期间获得流动性。对于大多数的加密货币持有者而言，这项服务尤其重要，因为在熊市下，市场的流动性可能非常小。卖出加密货币会变得困难，且会进一步加剧市场的低迷，流动性会更差。

Woorton

Woorton 是一家新晋的加密货币公司，为参与加密货币买卖的普通大众提供流动性。这家总部位于法国的初创公司专注于加密法定货币交易，并将其业务操作建立在几个订单簿上，以确保公平的价格。与大多数现有的交易平台不同，Woorton 与多方合作以寻找更优的交易价格，为大众提供了进入加密货币市场的机会。

Woorton 提供多种服务，其中包括研究和分析，它可以为客户提供最新市场趋势的见解，帮助客户管理自己的账户。Woorton 作为高效的流动性提供者，可以提供最优的交易价格。最后，它为做市提供了内部算法交易，可以帮助客户在交易所获取其资产流动性。

BABB

BABB 是一家位于伦敦的创业银行。客户可以在 BABB 开设一个数字银行账户，并获得多种与数字金融相关的服务。但截至 2019 年，它尚未获得正式的银行认可。

据报道，BABB 的业务建立在区块链上，并通过其移动应用程序为客户提供去中心化平台。它还提供了一种被称为"黑卡"的信用卡，客户可以使用该卡在网上或任何地方进行法币消费。它被认为是第一张去中心化信用卡，并且和客户的 BABB 银行账户相关联。

8.3 区块链与保险

保险是一种合同行为，通常被称为保单，是实体或个人实现财务保护手段的一种形式。当未知意外发生时，保险使得受益人可以从保险公司获得赔偿，进而减少自身的损失。你几乎可以为与你相关的任何物品投保，无论是人寿、房屋、公司还是你的健康。

2017 年，全球保险市值 4.8 万亿美元，从 2011 年到 2017 年以 1% 的 CAGR（复合年增长率）增长。这种缓慢的增长主要是由频发的保险损失导致，多是由于不可抗力（对收益人产生不可预见的情况）引起。实际上，2017 年，美国保险业因飓风、加州野火和墨西哥地震导致的保险赔偿就高达 1350 亿美元。

市场上有许多不同种类的保险。以下是两个主要类型的保险及其关键区别的简介。

人寿保险是指在有生命危险的情况下提供赔偿和补偿金的一种保险。如果客户或受保人死亡，其受益人将通过一次性或分期获得一定数量的现金。

除此之外，未归类为人寿保险的保险统称为普通保险。它分为三类：火灾保险，其合同涵盖了因火灾造成财产和货物损失的保险人的补偿；海上保险，其承保范围与海上意外有关；杂项保险，其几乎涵盖了上述保险所没有涵盖的其他内容。

保险业的发展历程

保险业的起源可以追溯到公元前 4000—前 3000 年的巴比伦人时期。最初提供的某些类型的保险被称为"bottomry"，用来保护商人在运送货物时的安全。另一类早期的保险是为丧葬费提供保险。在古罗马，个人需要按月支付一定费用，这也是早期的人寿保险。

16 世纪，在"伦敦大火"摧毁了超过 14000 栋建筑后，英国开始出现火灾保险与鼠疫保险的概念。

17 世纪中期，本杰明·富兰克林（Benjamin Franklin）创立了第一家美国保险公司，这是第一家提供人寿保险的公司。此后的一个世纪里，美国成立了更多的保险公司，但其中大多数由于投资和管理不善而失败。但是，这种情况最终在 20 世纪 90 年代初趋于稳定，此后该行业一直保持稳定的增长。

如今的保险

如今保险无处不在，人们几乎可以为任何物品投保，从人寿到健康，甚至是类似手机和其他小物件的各类物品。之所以可以为这些物品投保，是因为它们大部分都是以特定价值购买所得，且是容易损坏的消耗品。保险可以让你放心使用，而不用担心因损坏带来的损失。

未来的保险

像大多数行业一样，保险公司需要找到以更低成本销售新产品的方法。分布式账本和其他类型的区块链技术，可以帮助他们更好地记录合同并与相关第三方共享。还有类似通过自动售货机或手机应用出售即时保险等有趣的实验性应用。例如，你可以根据地理位置购买旅行或住宿的保险，如果出现问题，可以自动处理索赔。

保险公司正在探索可以在自然灾害发生之前赔付的新产品。例如，你可以在暴风雨来临前收到款项，以便更好地提前做准备。这些新型产品都需要多系统的集成，可以从连接的设备（例如汽车、相机或天气源）获得数据。分布式账本和区块链提供了可行的解决方案，因为它允许多方协作和共享信息。

保险业面临的主要挑战

现在保险业面临着几项重要的挑战。其中包含低增长率、客户期望的提升和更繁重的监管。自然灾害、风暴和近些年来突发的意外事件，进一步增加了保险业的成本。此外，来自新型环境下的语义风险也带来了挑战（例如保单里如何恰当地规定免责条款）。

关注如何打通并整合整个行业流程，是当前保险行业从业者唯一正在积极采取的措施，例如致力于提高客户满意度并吸引用户留存。尽管如何长远改善行业状况并不清晰，但行业从业者不再只是以单纯追求服务类型的扩张来丰富投资组合，而是更重视客户基数的增加。

如今，保险公司已开始利用区块链降低成本和存量客户价值挖掘。尤其受到关注的是如何建立一种真实可信且时序可证的事件，为供应链中货物的真实性、仓库内物品的准确性和自动统计，以及如何为旅行和其他点对点经济中创新场景提供自动和可验的微保险。

保险业的区块链创新企业

已有数家新兴公司进入保险市场，借助区块链技术来颠覆整个行业。区块链对交易和操作的独特处理方式为这些初创企业带来了非凡的价值，使他们能够以更快、更安全、高效和透明的方式跟踪交易和处理文档。

Black

Black Insurance 是一家使用区块链技术运营的创业公司。它侧重通过众筹提供保险，其交易可以通过加密数字货币进行。这种方式通过区块链技术与众筹方法的结合来获取保险组合的投资资本，为分散风险与赔偿款提供了一种安全的方式。

Black Insurance 仍在持续改善客户保险平台。作为平台，保险经纪人可以在 Black 上为客户量身定制各自的保险合同。而后大众通过通证的形式为保单持有人提供众筹资金。

BlockRe

BlockRe 是一家保险创业公司，致力于减少客户加密资产相关的风险，例如私钥的盗窃和丢失。他们还为加密资产和区块链市场中的经纪人、批发商和中间商提供专业的承保和理赔服务。

B3i

B3i 是一家新兴公司，旨在通过开发协议和标准来消除风险转移中的摩擦，从而建立一个更好、更完善的保险业。它成立于 2017 年，股东与支持者是来自全世界的客户、公司和社区成员。它旨在通过优化整个市场的保险交易流程来大幅减少成本和处理时间。

B3i 通过分布式账本平台有效解决数据重复的同时，提供了安全、透明的交易流程。它还提供智能合约来保障各类交易与文书的安全性与不可篡改。

B3i 的应用"B3i Cat XoL"旨在为客户提供透明、可信和高效的预付与交易体验。该应用已于 2019 年第四季正式上线使用。

ChainThat

ChainThat 是一家专注于金融科技行业的新兴公司，通过提供保险解决方案来积极改变保险行业。ChainThat 的解决方案通过保险与科技的高效结合，以确保其能带来突破性的效率提升。

ChainThat 通过其在线平台提供了各种解决方案。平台的信息解决方案由 Bermuda Risk Exchange 提供，Bermuda Risk Exchange 是世界上第一个由技术驱动的再保险风险和资本交易平台。它的配售解决方案使经纪人和承保人可以创建、协商和管理配售条款。它通过分布式账本平台提供财务、结算和索赔协议解决方案，并使用区块链技术管理其内容。它还提供合同管理解决方案，允许各方在其上创建、协商和管理数字合同。

8.4 知识产权与保护

知识产权（通常简称为 IP）是个人或公司的专有权利，用来控制自己的计划、想法或任何无形资产。其他任何出于商业目的复制你的著作的做法都是违法的。你的竞争对手不能使用你的知识产权，以此保护你的想法，但该专有权利也是有时间限制的。

知识产权的四种类型：

● 商业秘密；

● 商标；

● 版权；

● 专利。

知识产权通常涵盖两个领域：版权和与之相关的所有权利，以及工业产权。版权是指作者对文学和艺术作品的权利，通常保护期延长至作者去世后 70 年。版权的目的是鼓励和激励创造性的作品，同时保护作者的成果。

工业产权有两个主要领域：一是关于企业的标识、商标和地理标志的保护，用于激励和确保公平竞争以保护消费者；二是保护公司的创新、设计和技术创造，这是为了保护行业技术带来的投资回报。

知识产权史

关于知识产权法的最早记录文件出现在希腊文明时期，大约在公元前 500 年。 锡巴里斯（Sybaris）是古希腊的一个州，对于奢侈品的任何新改良方法，它允许公民获得至少一年的专利收益。这有效地保护了发明者、艺术家和商人，使其在给定的时期内，在没有竞争威胁的情况下，可以专门推广和交流他们的想法。

1623 年，英国议会起草了《垄断法》（*Statute of Monopolies*），该法规定授予真正的第一发明人 14 年的专有控制权，以此来保护他们的发明。到 1710 年，为支持《垄断法》起草了《安妮法》（*Statute of Anne*），该法旨在在经过第一个 14 年的保护期后再提供 14 年的保护期限。

1883 年，巴黎会议召开，并达成了协议《巴黎公约》（*Paris Convention*），以扩大对发明人和作者的保护，使其发明的创新不被其他国家使用。1886 年的《伯尔尼公约》（*Berne Convention*）将法律范围扩大到歌曲、著作、雕塑、绘画、歌剧和绘画。随着 1891 年《马德里协定》（*Madrid Agreement*）中协定范围的扩大，更多的无形财产也被包括在内。

到 18 世纪，人们已经认识到需要保护工业发明，这催生了专利法。当时，专利保护完全由官员和法官管辖。

如今的知识产权

到 1967 年，联合国成立了一个专门机构，以代表和保护持有人、版权、商业秘密、商标和专利的商业利益，称为世界知识产权组织（WIPO）。随着生产、再生产和发行的数字时代的到来，人们对此类法律的需求日趋迫切。2010 年，基思·青木（Keith Aoki）将构成知识产权类型的四个领域定义为版权、专利、商标和商业秘密。

未来的知识产权

区块链和互联网将在未来的知识产权中扮演重要角色。数字时代拓展了知识产权的范围，包括了所有数字媒体的形态。此外，区块链有助于为所有人提供牢固的安全和保护。

知识产权行业的主要挑战

这些年来，知识产权保护的需求不断增长。但是随着覆盖范围的扩大，该行业面临着一些挑战。

数字双花

数字时代的问题在于，现在一切都可以传输到数字媒体上，这意味着人们可以轻松复制几乎任何类型的音乐、艺术、文学作品或其他作品。

它的问题在于，数字化带来的便利性使得人们可以轻松地获得这些作品，随着越来越多的人更容易获得所述作品，作品的独特性趋于减弱。反过来，这些已获得的人有能力将其再分发给其他人，甚至可以制作出完美的副本。

数字双花是技术发展与进步带来的新问题。目前，人们正在就如何恰当地解决网络欺诈行为等问题进行讨论。但是，对于日益增长的网络犯罪，尚未找到有效的全球解决方案。

权利保护的延展

从知识产权发展历史来看，开始它仅是面向商人，保护其在约定的时间内和没有竞争威胁的情况下出售作品的专有权。随着新技术的引入和全人类都可从中受益的新时代的到来，这种情况迅速地发生了改变。随着这些转变，对专有销售权利的保护需求扩展到其他更多的场景，因此，包括作者或所有者提出的新的想法都需要得到保护。

除了艺术、文学作品和产业权利外，其他产业也需要专利，例如药物化合物、农业生产过程、软件甚至医疗方法。这些专利对于保护那些原创者来说非常重要，可以使其在一段时间内享受其作品的全部收益。

毫无疑问，在接下来的 10 ~ 20 年中，随着版权和专利的使用，知识产权将涵盖更多的项目，尤其是多个领域都在不断涌现新的发现。

未来的数字 IP

知识产权的基础是公平，"谁在什么时候做了什么"以及第一个做某事的人应有权从商业利益中获益。区块链技术的核心是一个记录系统，该系统允许任何人开始记录带有时间戳并处于不可更改状态的事件和信息。人们可以利用此功能来轻松记录各种信息，包括 IP 的创建。

区块链技术可以用来为公用事业建立层级权限管理和支付方式。在数字化程度不断提高的世界中，这是令人兴奋的，因为它可以更快、更直接地为类似音乐和 3D 打印机的蓝图等付款。

现在，我们来看一个区块链项目的示例，见图 33。该项目正在重新思考 IP 并使用区块链技术来改善系统。

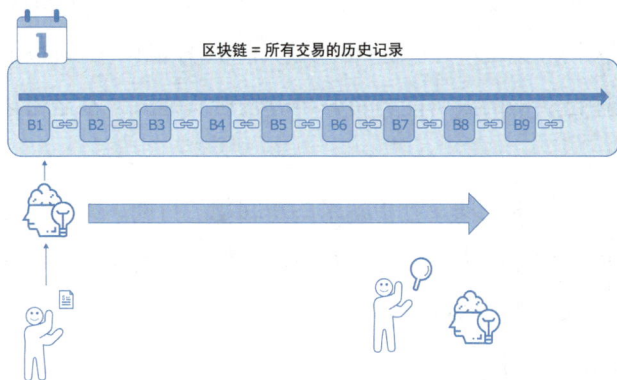

图 33 知识产权和区块链

注：基于此你可以建立一条某事在给定时间存在的信息，且此信息可供第三方验证。

IPwe

IPwe 是一家区块链技术公司，其平台定位为全世界范围的专利生态系统。IPwe 使用人工智能，提供数据挖掘和预测分析，创建与专利进行交互和交易的创新方式。IPwe 旨在提供一种更便宜、更快捷的方式来收集和处理专利交易，为专利销售中的创新提供激励，并使过程更加安全。IPwe 打算将区块链和 AI 结合，使专利处理更安全、更便宜、更快捷。

IPwe 创建了一个数据库来记录和捕获多项专利交易，使人们可以轻松查看所需的各种类型的专利，其所有者，以及该专利的覆盖范围。它提供了有关该专利的详细信息以及该专利的价值和有效性。用户可以免费使用该分析平台。

LOCI

LOCI 是一个在线专利目录。它提供了一个平台，允许用户在 LOCI 的用户界面中搜索、分析和提交专利。为了改变和简化专利搜索，它借助区块链技术独特的可视化和数据库收集功能，以提供更快、更轻松的专利搜索。

通过其 Web 平台，LOCI 通过其 IP 模型为用户提供可视搜索。它配备了增强的过滤功能和易于导航的界面，可帮助客户轻松找到其专利并改善其想法。它提供了市场和行业概述，以帮助确定用户的方法的独特性，以及它在目标市场盈利的可能性。

Vaultitude

Vaultitude 是一家专注于法律、专利和版权行业的公司，为公司数据和知识产权提供最佳的法律保护。它使用区块链技术，为需要法律保护以免受竞业限制问题侵扰的发明、数据和公司文档提供信息共享、传输和管理的安全环境。它通过区块链和智能合约，提供了一种更安全的法律合约签署方法。

Vaultitude 使用区块链技术，不仅要保证其安全性，而且增加了数据的透明性，以确保发明者、作者和创新者能够在法律诉讼中更好地保护其知识产权。通过其数据库，用户可以搜索并获取有关专利的必要信息，并为其文件创建数字指纹。

8.5 小结

区块链软件正在影响众多行业和政府职能。在需要两方或多方治理的场景下，和一方可能有机会比其他方能获得更多有利条件的场景下，区块链软件非常适合于改善流程和降低摩擦系数。现在正在研发和实验的区块链和分布式账本系统，会降低成本并消除许多收益颇丰的铁饭碗工作。

银行业属于信托业务，其中有许多可以利用区块链整合的机会。个人和公司信任并委托银行进行资金管理与发送，以及帮助补救和预防类似支票拒付与信用卡欺诈的问题。区块链和分布式账本系统可以简化和改善银行每日的手工操作——特别是在处理货币时。数字法币可以减少伪造、洗钱和逃税行为，为政府和银行大幅节省成本，因为它有助于减少用户的匿名性（所以，也将影响其隐私权）。

分布式账本和区块链系统中记录的透明性，需要在个人的隐私权和匿名之间找到平衡。未来你的汽车或其他物联网设备都可以作为保险索赔的依据，这很让人振奋。但另一方面，把你的每一次互动都永久记录下来，某种程度上会变成反乌托邦。

分布式账本和区块链软件可以创造一个更公平、更全球化的美好未来。使用分布式账本或在区块链内记录和共享的知识产权带来了这样一种可能性，即各类人才可以对其作品形成所有权，并以全新的方式从中获益。例如，许多公司正在努力将作者的版权分配透明化。

本章为你提供了一些有关分布式账本和区块链技术如何建立新市场并颠覆旧商业模式的见解。有了这些知识，你就可以更好地进行职业选择，并为数字法币、智能合约保险和全球 IP 保护引领的未来做好准备。

8.6 本章小测验

1. 什么是数字法币？

A. 数字法币是对维护公有链网络完整性的矿工的奖励。

B. 数字法币是该国家法定货币的数字表示，将由该国的金融储备（例如外汇和黄金）提供支持。

C. 数字法币是非同质化的智能合约的数字表示，允许重新分配所有权。

D. 中央银行使用数字法币收取费用。

2. 什么是加密货币？

A. 加密货币是对维护公有链网络完整性的矿工的一种奖励。它是一个可自证、可结算和可认证的数据包。

B. 加密货币是该国法定货币的数字表示，并由该国金融储备（例如外汇和黄金）提供支持。

C. 加密货币是一种智能合约，可以重新分配所有权。

D. 加密货币是非同质化的数字资产。

3. 什么是通证？

A. 通证是一种智能合约，允许所有者重新分配。它是一个可自证、可结算和可认证的数据包。

B. 通证是对维护公有链网络完整性的矿工的奖励。它是一个可自证、可结算和可认证的数据包。

C. 通证是国家法定货币的数字表示，将由该国的金融储备（例如外汇和黄金）提供支持。

D. 通证是非同质化的智能合约，允许所有者重新分配。

4. 什么是 Bottomry？

A. Bottomry 是保险公司如何对合同进行评级。

B. Bottomry 是提供给商人的一种保险，用以保护他们在运输过程中的资产。

C. Bottomry 是提供给商人的一种利息，用以保护他们在运输过程中的资产。

D. Bottomry 是提供给商人的一种智能合约，用以帮助保护其仓库。

5. 是什么导致保险成本上升？

A. 飓风

B. 洪水

C. 地震

D. 不可抗力

6. 区块链是如何降低保险业的成本的？

A. 区块链用来消除数据双花，并提供安全透明的交易流程。

B. 通证用来消除数据双花，并提供安全透明的交易流程。

C. DLT 用来复制数据，并提供交易处理。

D. 区块链用于创建透明的交易。

7. 什么是知识产权（IP）？

A. 知识产权使公司对他人的计划、想法和其他无形资产拥有控制权。

B. 知识产权是个人或公司对其计划、想法或其他无形资产，拥有的专有权利。

C. 知识产权是一个人对其无形资产拥有的专有权利。

D. 知识产权是公司或个人对其计划、想法或有形资产，拥有的专有权利。

8. 为什么我们需要知识产权？

A. 知识产权激励公司。

B. 人权鼓励自由和创造性的工作。

C. 产权鼓励和激励其所有权。

D. 知识产权鼓励和激励创造性的工作。

9. 知识产权的四种类型是什么？

A. 知识秘密、书签、版权、专利。

B. 商业秘密、标志、版权、专利。

C. 商业秘密、商标、版权、专利。

D. 商业秘密、符号、版权、许可。

10. 如何在知识产权中应用区块链技术？

A. 区块链技术允许用户记录事件，例如创建 IP 并确定"谁在什么时候做了什么"。

B. 用户在智能合约中记录 IP，并在全球范围内确定所有权。

C. IP 允许用户记录软件的发明并确定"谁在什么时候做了什么"。

D. 区块链技术允许用户发送交易并确定所有权。

第**9**章
区块链和人类社会

区块链创新已经开始影响政府基础设施、公民身份、投票和健康领域，凝聚力强的小国已经采取了重大举措建立去中心化的基础设施和系统。

在这一章中，你将了解到区块链的一些创新用途，区块链技术被应用于政府基础设施、公民身份、投票和全球性的健康领域。

9.1 精益政府

许多较小的国家正在利用去信任交易和不可篡改数据产生的机会。在这些国家,具有远见的公务员将区块链技术用于精减官僚机构的开支。这些小国互相竞争,以保持对个人和公司的吸引力。在这样的全球经济中,个人可以比以往任何时候都更高效地生活。这些国家正在将以往的责任转变为一种优势,例如,通过制定小而精的立法来竞争成为居住区域。被称为"竞争性治理"的政府正在重新定义公民身份、反腐和投票的传统观念。在一个人们行动越来越自由的世界中,现在个人有权选择自己的居住地和国籍,这些司法管辖区为人才的竞争已做好充分准备。

在区块链和分布式账本模型下,公民身份不再与物理位置相关。政府可以是无国界或无地理位置的。公民身份与位置相关的旧观念正在烟消云散。许多小国正面临着被地域更广、实力更强的国家所吞噬的威胁。分布式网络和数字法币可以帮助他们保护自己的公民。区块链和其他分布式账本技术的创新正在这些领域受到追捧,因为它们通过创建更高效的系统降低了政府成本。这些系统使得即使不在实际管辖区,公民也可以在世界任何地方快速接入。

中国、新加坡、爱沙尼亚、阿拉伯联合酋长国和马耳他都位于新兴政府基础设施的前沿。新加坡的 Smart Nation 项目正在提高货币和连接

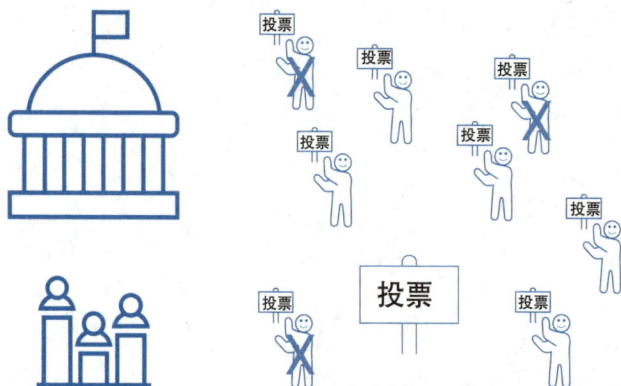

图 34 投票——每一票都将自动计数和核实

物联网设备的效率,并改变了政府向公民提供服务的方式。他们将公务
服务视为一种与"客户"的互动。

9.2 爱沙尼亚的电子居留权

爱沙尼亚是欧盟的一个小国,仅有 130 万居民。自然资源、货币
和人力资本限制了其公民的需求。加入了欧盟对爱沙尼亚来说是一个福
音,但爱沙尼亚政府认为有必要使用技术来创造尽可能多的透明度和反
腐败。他们的努力现已超出许多大国的能力。具体来说,爱沙尼亚推出
了用于在线服务的数字身份证,它是第一个通过提供电子居留权来提供
公民身份服务的国家。他们创建了数字身份,供世界上任何有兴趣通过
欧盟在线经营公司的人使用。爱沙尼亚通过在线服务的方式输出在"第
一世界"国家生活的好处。获得爱沙尼亚电子居留权仅需几分钟,背景
调查费用约为 100 美元。

拥有电子居留卡并不能使你成为爱沙尼亚公民,但确实为你提供了
拥有欧盟银行账户的诸多好处。爱沙尼亚退出苏联后,对新技术进行了
大量投资。他们制定了"单一窗口原则",为每个人提供了所有政府和
银行业务的单一接入点。单一窗口允许公民通过一次安全的在线登录方
式办理所有税收、法律和海关相关的服务,特点就是简单化和无纸化。
除了婚姻和房地产购买,政府提供的所有服务都可以在线完成。

爱沙尼亚人已经接受了区块链技术。下一个重大发展将会是分布式
账本云。爱立信、Apcera 和 Guardtime 这些公司正在联合开发和运营爱
沙尼亚区块链混合平台。它将增强税收报告服务和在线医疗保健服务的
可扩展性、弹性和数据安全性。

纳斯达克也在爱沙尼亚开发了区块链服务。它为私人公司建立了一
个市场,用来跟踪债券、股票和房地产投资信托(REIT)等期权。这
一新系统可以使公司筹集资金,而投资者可以立即结算交易。同时,它
还改善了企业的代理投票的过程。

9.3 在中国更好的认证和公证

中国对加密货币并不推崇，但对区块链技术情有独钟。中国政府在加强对加密货币监管的同时，大力推广区块链技术。

安存正信就是一个早期采纳区块链的有趣案例。该公司在中国的核心业务是通过互联网技术提供一站式电子数据存管与公证服务。它与28个省的数百家传统公证处建立了合作伙伴关系，并为其提供电子数据存储和区块链公证的解决方案。

安存正信在可公开搜索的区块链中发布记录。基于时间戳记录的电子数据使用户可以查看公证的真实性和时效性，证明来源并赢得更大的信任。在美国，许多初创公司正在研究类似的概念。例如，Tierion.com和Factom可以对数据进行哈希处理和添加时间戳，这两种解决方案都将自身较小的区块链网络中的数据锚定到比特币区块链中。

9.4 互联网的信任层

互联网是分层构建的，每个层次都让它变得灵活且更容易使用。区块链是互联网的下一层。这是革命性的，因为区块链技术允许个人、政府和企业在没有首先建立信任、所有权和权威的情况下，以公平和开放的方式共同运作。区块链是信任层。但是，就像HTTPS和其他同样具有革命性意义的重要创新一样，因为网络只是与技术无缝对接的后端，所以区块链本身可能会悄然淡出公众的视线。

9.5 无垃圾邮件

你可能会讨厌垃圾邮件，并花费大量时间清理收件箱并阻止不需要的电子邮件，甚至经常错过你想参加的活动。你可能会担心当前电子邮件系统的安全性。毕竟，2016年底，雅虎遭受了全球最大的黑客攻击，10亿个用户账户遭到入侵，所有用户数据都暴露在外。

区块链技术的引人注目的用例之一就是创建对用户依然友好的安全电子邮件服务。作为在线安全领域中一位传奇的、富有争议的并且经验丰富的反病毒软件先驱、社交媒体影响者，John McAfee 博士创建了一个基于区块链技术的新的电子邮件平台。

SwiftMail[1] 最初名为 John McAfee SwiftMail，但是在 McAfee 博士不再担任该公司的顾问后，他的名字随之被移除。这家公司在加密货币钱包中创建了基于区块链的电子邮件服务。

许多具有更好用户界面的新项目正在构建电子邮件和通信应用。Pillar 是其中一个很好的例子，我们可以在 https://pillarproject.io/wallet 上找到它。这些应用和你已经使用的电子邮件和通信应用并没有什么不同，但是它们确实添加了普通电子邮件尚未实现的付款和授权功能。

因为使用了区块链或其他分布式层技术，他们可以提供一些额外的好处。例如，SwiftMail 的区块链可以确认你的邮件是真实的，并且你发送的电子邮件已被预期的各方接收，而无须再信任第三方（例如 Yahoo!）来保存数据。发送一个电子邮件的固有成本很小，这使垃圾邮件制造者变得不敏感。Pillar 有一个独特的内置区块链资源管理器，可以提醒双方资金正在使用中。这是对等待区块中的交易进行确认的一项改进措施。

这些应用使你可以对隐私采取严格的立场，并防止服务提供商利用你的数据。

9.6 物联网的区块链预言机（Oracle）

区块链技术不能解决信息从哪里来的问题。它必须要依赖数据。当你要对区块链系统中的合约采取行动时，人为因素是无法忽略的。

在区块链系统中没有中央机构来监管或强制诚信。预测数据作者的未来信用是不可能的。合理的结论是，每笔交易的成本必须低于重建声誉的成本。受信任作者的声誉会随着时间的推移而建立，并且作者保持诚信的时间越长，作者的声誉就越有价值。这个概念类似于名牌的价值。·

[1] www.swiftcoin.club

9.7 知识产权和受信主体

智能合约和链代码为知识渊博的个人和公司创造了一个新的机会，他们可以利用知识赚钱。这种系统的执行需要可信的信息源。这些值得信赖的消息可能来源于评级机构、气象机构或其他机构。

你可以将 IoT 设备连接到区块链基础设施，并允许它们在区块链网络上创建自己的声音和身份。他们需要随着时间的推移建立信任，并且仍然可以在任何给定的时间点上造假。重点是，过去的诚实行为并不能防止未来的不诚实行为或信息源的腐败。

并非所有智能合约或链代码都是自包含或针对权威源执行的。更实际和适用的业务场景要求信息可以来自任何区块链网络的已知或未知的来源。几家初创公司正从不同角度解决这个问题。

Po.et 是一家初创公司，正在为艺术家和创意者构建用于内容所有权、内容发现和内容付费的去中心化协议。该系统旨在记录创意资产的元数据和所有权信息并为其添加时间戳，例如，文学作品和音乐作品。

Factom 创建了 Acolyte 和其他 API 服务，这些服务使用户可以随着时间的推移建立自己所提供的信息的声誉。智能合约构建者可以订阅并提供预言机服务。他们可以为它们的信用打分。

从另一个截然不同的角度来看，另一家区块链初创公司 Augur 开创了预测市场的理念。Augur 是一个平台，这个平台奖励那些正确预测未来事件（例如选举或公司收购）的用户，根据事件的结果交易虚拟股票来下注，用户通过购买结果正确的股票来赚钱。股票的成本随社区对事件实际发生概率的看法而波动。Augur 类似于博彩网站，因为任何人都可以做出预测，任何人都可以为任何给定事件创建预测市场。例如，你可以作为业务所有者，对人们认为最有可能发生的事件或结果进行调查。它可能会揭露作者希望利用的内部信息。

9.8 知识产权

音乐产业是受知识产权打击最严重的行业之一。依靠创作工作的众多中间人都在经济上压榨了顶尖艺术家。不太成功的艺术家（观众人数较少）无法将音乐作为主要收入来源，因为音乐只占收入的一小部分。不过，巨星的粉丝数量却非常得多。

互联网使拥有不同规模粉丝群的艺术家更容易共享他们的作品。同时，这使人们更加难以过上自己喜欢的生活。音乐产业链很长，每个中间人只占一小部分，这增加了资金最终到达艺术家的时间。通常，艺术家会等待长达 18 个月或更长时间才能看到款项，并且音乐每次传播只能获得 0.000035 美元。在我们当前的市场中，这是最好的情况，还没有算上欺骗艺术家的情况。

有人提出使用区块链来减轻创意人员沉重的财务负担。加密货币可用于减少与信用卡欺诈相关的交易费用。它将在无法日常使用信用卡的发展中国家中开拓新的市场。

一个令人印象深刻的设想就是将整个音乐产业生态系统迁移到区块链系统上，但事情并不那么简单。系统利用智能合约或链代码来促进消费的即时支付。它可以澄清许可证的所有权，使消费者更容易获得音乐授权。

有几个项目正在着手解决这个问题，并寻求建立一个健康、可持续和无摩擦的生态系统。这不会取代市场参与者，但可以让艺术家从他们的辛勤工作中获得更多回报。

UjoMusic 正在对其平台进行 Beta 测试，该平台允许用户直接销售和授权音乐。它利用以太坊网络，使用智能合约来执行业务逻辑，使用以太币（以太坊加密货币）进行支付。你可以下载整首歌曲，也可以下载用于商业或非商业用途的声乐（vocal）和器乐，然后立即通过 Ether 支付酬劳。

Peertracks 是另一家致力于改变音乐产业的区块链初创公司。这是一个音乐流媒体网站，用户可以在上面下载和发现新歌手。它通过称为 MUSE 的对等网络以及创建单个艺术家通证来实现这一目的。这些通证的工作方式与其他加密货币一样，并且其价格会根据艺术家的受欢迎程度而波动。

区块链技术并不能消除对音乐唱片公司和分销商的需求。但是，如果原来的公司不想被这些更高效的新公司所取代，就需要迅速采取行动，就像奈飞颠覆了百视达（Blockbuster）一样。

9.9 政府

在本节中，你将了解到世界各国政府和城市内部正在发生的令人兴奋的创新，并了解到那些支持他们进行区块链创新的组织。

各国政府正在利用区块链技术和分布式记账本打击网络犯罪和身份盗用，他们正在使用区块链来支持智慧城市计划，这将对经济增长产生重大影响。智慧城市，例如，杭州和新加坡，正在利用现代技术增强基础设施功能，提高安全，改善交通和空气质量。智慧城市的业务正在蓬勃发展，几乎每个大城市都接受了智慧城市的概念，并考虑使用区块链或分布式账本技术。

中国的智慧城市 —— 杭州

中国零配件制造商万向集团正在利用区块链协议为杭州市的智慧城市项目开发数据基础设施。他们利用链下、链上策略来保护身份卡和智能设备中的敏感数据，通过记录驾驶行为数据来训练自动驾驶系统。他们使用的区块链网络名为 PlatON 系统。该系统将计算与共识解耦，这与以太坊在系统内计算智能合约不同，不仅可以降低固有成本，还能扩展到许多低价值数据源，例如 IoT 设备。步骤如下：

1. 用户部署并发布元智能合约，合同具有参数、方法和经济激励。
2. 用户调用智能合约并发送交易。
3. 计算节点执行智能合约并生成证明，这些节点不在区块链内部。
4. 计算节点将结果发送到区块链中的其他节点。 这些节点是"链上"的。

　　5. 链上区块生成节点验证结果。

　　6. 验证结果并通过智能合约返给用户。

　　7. 区块链根据验证结果的节点计算的贡献值发送经济奖励。

美国国土安全部

　　美国国土安全部正在调查使用区块链技术的物联网设备生产的数据源的安全问题。

　　一个将区块链技术与物联网基础设施相结合保护美国边境的项目正在实施，其中包括物联网设备，如地面传感器和视频相机。

　　通过将数据写入区块链，并让设备对它们发送的数据进行加密签名，国土安全部正在消除篡改从地面传感器和视频相机收集到的信息的能力。这是一项重要的创新，因为它有助于防止人口贩运和非法货物的流通。

新加坡的智能国家项目

　　新加坡是最早看到区块链技术潜力并使用的国家之一。他们有一个大胆而积极的想法，鼓励和招募 FinTech 公司进行实验。新加坡货币管理局（MAS）建立了一个监管沙箱，密切监测那些希望创造新的金融产品和服务的初创企业。

　　在 MAS，Ubin 项目是他们正进行的一个有潜力的实验，同时也正在使用分布式账本技术（DLT）创建中央银行数字货币。该项目将允许准实时对支付和证券进行清结算。

　　该项目的第一阶段始于 2016 年，他们证明可以使用中央银行颁发的 SGD 等值通证进行国内银行间付款。涉及的银行和公司包括美国美林银行、瑞士信贷、DBS 银行、中国香港上海银行有限公司、摩根大通、三菱 UFJ 金融集团、OCBC 银行、R3、新加坡交易所、UOB 银行和 BCS 信息系统作为项目的技术提供商。

　　Ubin 项目随后在 2017 年进行了扩展，并为去中心化的银行间支付和结算开发了三种不同的软件模型。新版软件为银行创造了更好的流动性。他们开发了一个付款交割（DvP）的软件，能够解决不同区块链平台上的通证资产问题。该软件原型允许金融机构同时交换和结算通证化的数字货币和证券。Ubin 项目表明，通过利用区块链技术可以实现 DvP 结算的最终性、账本间的互操作性和投资者保护。

Ubin 项目于 2018 年用于与加拿大银行、英格兰银行和 MAS 进行跨境对等支付（PvP），并再次取得成功，几乎立即完成了结算，降低了费用并提高了各方的透明度。

印度的新加坡卫星城市

印度政府于 2015 年与新加坡企业发起了一项智慧城市计划，目的是建设 99 个新的智慧城市，初始资金共计 400 亿美元，该项目有望吸引外商投资 900 亿美元。

印度的人口正在迅速推进城市化。为了防止这些城市变得拥挤而无法居住，他们正在开发智慧城市，政府引入更多的中央规划和更好的基础设施。基础设施的升级将包括节能屋、智能电网、交通、集成 IT 系统、电子政务和更好的集水系统。

新加坡将帮助印度在其东南部开发一个名为 Amaravati 的新城市。该项目已经开发了 3 年，还需要 150 亿美元。项目可以极大地改善数百万人的生活，但实施起来花费巨大，不能一蹴而就。

印度当局已经聘请了一支由新加坡人组成的团队，在 Himachal 邦开发一个卫星城镇，占地 20 公顷，希望能缓解 Shimla 拥堵的状况，该城市在过去几十年里人口大量增加。这个项目包括教育、住宅和商业开发。

中国的国家战略

中国政府在区块链发展方面投入了大量资金，在创新和监管区块链系统方面处于领先地位。中国国家网信办（CAC）发布了一份近 200 家已获批准注册区块链服务提供商的名单，并为这些区块链服务提供商制定了管理条例。

中国的做法不是建立一个去中心化自治的系统，而是建立一个去中介化的基于法制规则的治理体系。中国正在利用区块链技术实施供应链管理、税收和食品安全管理。2018 年，中国国家开发银行与巴西、俄罗斯、印度和南非签署了区块链研究合作谅解备忘录，有可能在"一带一路"全球经济增长和影响力战略中使用这项技术。

9.10 世界金融之都

区块链技术给了政府一个新的提升竞争力的工具，而对相关产业和资源的争夺已经升温。过去 10 年，人口转移到更宜居和更安全的地区。目前世界人口流动性更强，经济更稳定。许多国家学习区块链技术可能对金融系统产生影响。马耳他、新加坡、迪拜和伦敦都欢迎 FinTech 创新，并正在竞争世界金融中心。每个国家都制定了正式的计划和项目，以吸引和留住人才，并期望创新在本国发生。2016 年首次代币发行疯狂期间，一夜之间成立了近 2000 家区块链初创公司。那些在欺诈和金融犯罪中没有被淘汰的人正在钻研已经成功融资后的项目或做启动前的准备，这些新的启动和努力正在开始迎头赶上传统的中心化系统。

伦敦

英国很早就接受了区块链技术。2016 年英国中央政府发表了一份名为《分布式账本技术：超越区块链》的报告，其中确认分布式账本技术（DLT）可以用来减少不法行为、漏洞和欺诈。报告声称，DLT 将通过提高透明度和可信度来改变公民与政府的关系。许多区块链初创公司在 2014 年将运营转移到伦敦，因为在伦敦是最安全的。这在当时意义重大，因为许多加密数字货币企业家，2014 年和 2015 年在美国已经被关押到监狱了。

区块链技术甚至被批准在英国的政府中使用。金融技术之外的第一个实施方案将由非部委的 Whitehal 政府部门实施，包括土地登记、林业委员会和食品标准、地方当局和政府授权。

全英国令人兴奋的项目

在英国有许多有趣的区块链项目，包括：

● 基于区块链的福利分配。就业和退休保障金事业部与 Barclays、

RWE、GovCoin 以及伦敦大学展开合作。

● 政府 DLT。区块链平台提供商 Credits 正在和英国政府合作制定分布式账本技术的标准。

● 基于区块链的国际支付。桑坦德银行已经开始试用基于区块链的国际支付，员工试点包含使用 Apple Pay。

● 交易黄金。皇家造币厂正在与芝加哥商业交易所（CME）集团合作，利用区块链技术建立黄金市场。

9.11 迪拜的 2020 年目标

阿联酋王储谢赫·哈姆丹（Sheikh Hamdan）在 2017 年制订了一项雄心勃勃的计划：到 2020 年，迪拜成为世界上第一个区块链政府。智能迪拜倡议是一项公私合作计划，旨在将迪拜转变成一个智慧城市。这项工作正在努力为公民创造一个与政府服务互动的无缝体验。区块链技术对于在 2020 年前迁移所有政府文件和系统至关重要，该计划将于 2021 年发布最后的一笔纸质交易，并在文件处理方面节省约 15 亿美元。

阿联酋内阁事务和未来部制订了一个详细的计划，允许公民通过区块链更新和验证身份证。一旦完成，阿联酋公民将能够用他们的身份证登录，并访问政府和受监管的私营公司，如保险公司和银行。该倡议开发的技术计划与其他国家分享，以使过境更快速、更便捷，旅行者可以使用带有识别功能的数字钱包而不是护照。总的来说，阿联酋政府估计他们的区块链计划将为该国节省 2510 万小时的生产力。

阿联酋的全球区块链理事会（GBC）有许多公私合作。

1. 医疗保健：迪拜最大的电信运营商社正在与一家欧盟公司 Guardtime 合作，使用区块链技术将医疗记录数字化。

2. 钻石贸易：迪拜商品多元中心将获得联合国用于限制钻石贸易争议的金伯利证书。

3. 土地所有权：所有权转让将被数字化，并在区块链上得到保护。

4. 商业注册：作为其无纸化举措的一部分，阿联酋的企业注册，区块链将充分确保这些记录的安全。

5. 旅游：迪拜积分是针对游客的旅游奖励计划。

6. 航运：在智能边境 [1] 计划中，他们正在探索智能合约进行近实时结算以改善航运，并加强贸易、旅行和运输等其他方面。

过去两年里，阿联酋一直在为"智能迪拜计划"出谋划策投入资源，有了集中的权力结构，他们能够迅速走向去中心化。

9.12　纽约市比特执照

纽约金融服务部（NYDFS）为正在开发区块链技术的公司创建了一个特殊的申请，称为比特执照（Bitlicense）。它为公司提供了数字货币的监管框架。许可证的价格为 5000 美元，长达 500 页，需要每个公司领导的指纹及对其充分的背景调查。除此之外，还需要 10 万美元的申请费用，包括时间分配、法律和合规费用。美国纽约的比特执照与其他金融中心（如伦敦、新加坡和迪拜）欢迎区块链技术的态度形成了鲜明对比。

比特执照一直很难获得，在过去的 4 年里，只授予了 18 个。从正向的角度来看，纽约金融服务部不再要求软件公司在打软件补丁之类的事情上获取批准。

第一家获得比特执照的公司是比特币钱包提供商 Circle。此后，他们又发布了一个稳定币，称为 USDC。它允许你在几分钟内而不是几天内把美元转移到世界任何地方。USDC 使用以太坊智能合约标准（ERC-20），它能够与全球的钱包和交易所合作。Circle 提供了和监管金融机构中流通的 USDC 等量的储备金。对于利用美元稳定性的加密货币交易员来说，USDC 是一个强大的工具。

FinTech 公司 Ripple 收到了第二个比特执照，他们经营一个联盟链，充当中央银行的角色，可以快速结算交易。许可证对瑞波币来说是必不可少的，因为他们的许多银行客户都把总部设在纽约或者在纽约运营。

---

[1]　http://nationshield.ae/index.php/home/details/reports/smart-borders-pilot-project-for-uae/en

总的来说，美国的应用发展一直很慢，不愿意将区块链用于金融技术。加州法案 AB1326 类似于比特执照，但在电子前沿基金会（Electronic Frontier Foundation）提出反对后失败了，这个基金会是一家总部设在旧金山的公司，负责维护客户权益和新技术。

9.13 欧盟的区块链之岛——马耳他

欧盟成员国马耳他以更激进和直接的方式采用区块链技术。他们比其他更大的国家发展得更快，他们看到了区块链可能具有的潜力，并采取措施确保自己成为创新的中心。许多美国和中国公司纷纷涌向马耳他创办企业，这其中包括获得加密数字货币许可证的币安交易所（Binance），获得许可证让币安更容易进入欧盟。

有三个关键文件为区块链技术公司提供保护和法律框架《虚拟金融资产法》《马耳他数字创新授权法案》和《技术安排和服务法案》。

1.《虚拟金融资产法》对首次代币发行做出了规定。

2.《马耳他数字创新授权法案》为加密数字货币和区块链公司制定了监管程序，它建立了一个名为马耳他数字创新局（MDIA）的监管机构。

3.《技术安排和服务法案》允许区块链公司和加密数字货币交易所向马耳他政府申请注册。

马耳他的举措使其成为区块链最热门的新晋司法管辖区之一。

9.14 德国区块链

德国政府对区块链技术大多持矛盾态度。他们对首次代币发行发出了警告，认为这是庞氏骗局。在 2016—2018 年期间这种欺诈手段非常常见，早期的投资者认为，虚假企业的成功将使他们从后来的投资者投资的资金中快速获利。在区块链行业中，这被称为"拉高出货"（pump and dump），也就是说通过欺骗的手段把投资吸引进来，然后人为拉高价格得以使自己在高位套利离场。

德国联盟财政部的一项新举措可能会改变德国的证券法，他们发表了一份关于基于区块链的证券的处理和监管的报告。该文件可能为新型金融产品铺平道路,其建议为"数字价值权"颁布新的区块链技术法规,这些新规则使纸质的债券能够在区块链上以数字方式发行。

9.15 法国区块链

法国正在游说欧盟通过区块链技术和加密数字货币的监管框架。法国议会批准了一项金融业的法案,希望能吸引 FinTech 金融科技公司来设立分支机构,新法案给予企业官方承认,并对他们进行征税。

法国政府的新法案被认为是第一个大国法案。这是区块链朝主流认可迈出的一大步,因为许多主要司法管辖区已经禁止加密货币和首次代币发行,或还未正式承认它们。

法国政府致力于促进区块链技术的发展,法国财政部长为此拨款45 亿欧元。这些投资是为了扶持未来五年内区块链的创业公司,法国希望成为区块链生态系统的全球领导者,与中美科技公司竞争。

9.16 小结

目前,各国政府正在对区块链技术进行试验。许多人认为,它可以用来大幅削减监管、审计和执法的成本。本章探讨了来自世界各地的一些前沿创新,这些创新旨在降低成本,改善政府和大公司的系统。还探讨了政府对区块链技术的监管,以及随着时间的推移,这种情况的变化趋势。

本章对于理解区块链如何改变政府、法规和全球商业的大局至关重要,也是帮助你更深入地学习政府和大公司如何对待区块链技术的基础。

9.17 本章小测验

1. 爱沙尼亚的电子居留权 e-Residency 是什么?

    A. 爱沙尼亚政府授予公民身份的计划。

    B. 爱沙尼亚政府允许非欧盟居民在欧洲居住的计划。

    C. 爱沙尼亚政府允许非爱沙尼亚人获得数字公民身份的计划,该计划使非欧盟居民能够受益于欧洲银行体系。

D. 爱沙尼亚政府建立区块链技术的计划。

2. 爱沙尼亚的电子居留权 e-Residency 可以使你成为爱沙尼亚公民吗？

A. 是

B. 否

3. 在区块链系统中执行规则的组织是什么？

A. 在区块链系统中没有中央权威来监督或强制诚信。

B. 美国政府。

C. 超级账本（Hyperledger）基金会。

D. 比特币核心开发团队。

4. 马耳他的《虚拟金融资产法》是什么？

A. 它监管证券。

B. 它监管 FinTech 初创公司。

C. 它规范首次代币发行。

D. 它调节区块链。

5. 什么是《马耳他数字创新授权法案》？

A. 它为公有区块链创建了监管程序。

B. 它为加密货数字币和区块链公司创建监管程序，它建立了一个名为马耳他数字创新局（MDIA）的监管机构。

C. 它为首次代币发行制定了监管程序，并建立了一个称为马耳他数字创新管理局（MDIA）的监管机构。

D. 它设立了一个称为马耳他数字原创力量的管理机构。

6. 马耳他《技术安排和服务法案》是什么？

A. 《技术安排和服务法案》允许区块链公司和加密数字货币交易所向马耳他政府注册。

B. 它允许加密数字货币存入银行账户。

C. 它使马耳他政府有能力建立区块链支持的投票系统。

D. 《技术安排和服务法案》允许美国公民购买首次代币发行通证。

第 10 章
区块链的抑制剂

区块链行业充满了激情和活力。在这个行业中，创造新型产品和服务的机会吸引了数百万人的关注，其中就可能包括你。随着区块链技术的快速变化和易用性的提高，人们能够参与进来并创建新的商业。只不过，这些新的商业并非都是服务于公众利益的。

本章将更详细地探讨公有链和私有链的固有漏洞。你能广泛了解到区块链社区的分裂和仇恨会如何影响你的商业。本章还介绍了很多常见的欺诈手段，为了保护你和你的商业，你需要有所了解。

此外，你会发现许多针对区块链行业的挑战和隐患，同时也会学到更多有关避免陷阱的策略。读完这部分内容后，你将获得一些方法，用于领略区块链技术的"狂野西部"。

10.1 区块链的漏洞

人们通常认为区块链可以防黑客攻击，并且绝对可靠。然而这压根就不对，你可能因此麻痹大意，无法完全理解不同类型的区块链网络所固有的漏洞。在本节中，你可以深刻地了解运行区块链或分布式账本的软件的三个关键漏洞，并且学习如何减少此类风险的多种技术。具体来说，就是了解智能合约是被盗取的，公有链是如何被破坏的以及与私有链相关的一些谬论。

智能合约的漏洞

智能合约是区块链技术中最重要的创新之一。创建者几乎可以用想象到的任何方式进行编程，并且这些代码存在于区块链网络中，它们和所在区块链具有相同的属性。

智能合约最大的优势也是其最大的劣势。合约一旦部署，其代码就具有极强的操作韧性。除非部署合约的区块链遭到破坏或者合约本身内置了管理权限，否则合约无法更改。代码一定会有缺陷，也可以不按章法运行。使用智能合约之前，需要进行严格的测试。智能合约的标准化，例如以太坊的 ERC-20，已经帮助缓解了一些由于代码错误而引起的问题。但是，如果要将智能合约用于保护通证等的价值，则应该始终对其进行审计。

DAO（去中心化自治组织）是智能合约中最著名的失败案例之一。DAO 是去中心化自治组织的首个实例。它包含了一些智能合约，旨在让发明人能够对新的以太坊项目进行投票并为其提供资金。DAO于 2016 年 6 月遭到黑客攻击，数百万以太币被盗。当时黑客夺走了约占总量 15% 的以太币。当一位精明的开发人员发现代码中的一处缺陷，然后以一种意想不到的方式执行合约窃取加密货币时，DAO 就被抽空了。

以太坊基金会面临艰难的选择。恢复 DAO 事件所损失资金的唯一方法就是硬分叉网络并将余额退回到投资者的账户。考虑到网络仍处于早期阶段，他们选择了硬分叉。这种选择重创了以太币的价值，并暴露出许多有关合法性和存储的问题。

如果智能合约有问题，并非所有智能合约的发行者都有权力和影响力来实施硬分叉。智能合约是个新领域，几乎没有安全标准、文件和最佳实践。即使是现在，智能合约的发行者也可能会无意中冻结钱包并破坏合约。数亿美元的价值永远被锁定在无法访问的钱包地址内，或者由于智能合约创建中的错误而被盗。

中心化公有网络

基于工作量证明（PoW）共识算法的公有链越是去中心化越是坚不可摧。全节点的数量直接影响整个网络的安全。所谓全节点就是具有完整网络历史记录并正在积极验证交易的独立节点。一旦网络变得过于集中，少数犯罪分子就能破坏网络而免于惩罚。这种特殊类型的漏洞被称为 51% 攻击。51% 是个神奇的数字，它为许多区块链设置了临界点。如果独立节点的数量少于这个数，则整个网络便可以回滚。

PoW 共识算法让挖矿节点的运营商陷入了自相残杀的军备竞赛当中，也是这类区块链遭受 51% 攻击的原因之一。新进入网络的节点都会增加获得区块奖励的难度，实际上导致成本成比例上升。一旦网络的挖矿成本超过售卖加密货币获取的价值时，节点运营商将会关闭他们的矿机。

许多矿工加入矿池挖矿。所谓矿池就是矿工的群体，他们汇集哈希算力，然后按比例分配奖励。这使运营商可以获得更可预测的投资回报。矿池随后获得了巨大的力量，并可能影响区块链的未来。

截至 2019 年，51% 的攻击发生的可能性更多的是停留在理论层面。但是加密货币价格的暴跌以及在某些国家明令禁止挖矿给一些不法分子创造了机会。恶意矿工控制了一个非常流行的基于 PoW 的区块链——以太坊经典（Ethereum Classic），他们能够回滚历史交易并重新分配以太经典币。

攻击者通过控制超过 51% 的网络算力来做到这一点。在这种攻击下，用户可以多次花费相同的加密货币，也被称为"双花"。几天后，攻击者莫名其妙地退还了一半的资金。这种举动非常奇怪，大家普遍认为它是出于娱乐的目的。

其他的共识算法也容易受到攻击。例如，EOS 也经历过网络接管。由于指定了 21 个节点，EOS 可能更倾向于中心化网络和网络操纵。

中心化私有网络

中心化的私有网络 [1] 与公共网络所面临的问题不同，但这并不意味着它们是绝对可靠的。一个重要因素是，超级账本的 Fabric 之类的网络没有加密货币。因为几乎没有什么可供窃取的，所以黑客就没有动力破坏网络。

私有链的财力和许多公有链一样比较有限。例如，Hyperledger 安全团队只有少数志愿者。团队相对负责，因为如果你遇到问题，团队会在两天内与你联系。但是，正如他们文档里所述，他们甚至可能需要两个月的时间才能获得缺陷赏金（bug bounty）。缺陷赏金是给开源社区中的开发人员提供的奖励，激励他们识别网络中的安全问题。

另一个需要注意的是私有链更像是信任网络。网络的成员是已知的，并且智能合同可以修改。与基于纸质的业务流程相比，它们确实提供了一些改进，但是与公有链相比，其确定性或可执行性都是不可同日而语的。

私有网络还具有与公有网络不同的激励系统。例如，在超级账本上，交易由交易双方验证。没有一个被激励的不偏不倚的第三方（即"矿工"）。可以想象的是，私有网络中的节点可能会"串谋"来牺牲其他人的利益。

10.2 社区的分裂和仇恨

区块链社区的一个最大威胁是微小差异的自恋情节。也就是说，

---

[1] 译者注：原文是 centralized networks don't have the same issues as public networks，应该是作者漏写 private。

彼此之间差异很小的社区更可能发生争斗。 这些社区更容易互相讽刺和嘲笑，并对细微的区别变得高度敏感。

如果你常常关注 Twitter、Reddit 或 Telegram 上公有链相关的社交媒体，很快就会发现参与其中的很多人都是激进分子。比特币本身近似一种邪教，也是一种政治言论，还是一项酷炫技术，所以它吸引了许多有趣的人。

社区间的裂痕深入到代码中。多年来，硬分叉多次发生，社区反复分裂。新版的比特币一经推出，挖矿能力随之削弱。新的区块链削弱了对加密货币的需求和支持。虽然适当的争论是有益的，但是，当一种货币的价格低于其生成成本时，矿工就会流失，区块链的完整性就会受到损害。

上面描述的实际上是老生常谈的场景，并不涉及区块链战争。真正的战争是一个社区去攻击另一个社区，而不仅仅是在 Twitter 上打嘴仗。例如，人们认为，EOS 的支持者通过发送垃圾交易来攻击以太坊，抬高了交易价格并拖慢了智能合约的执行速度。以太坊经历了数千次"空投"，这些"空投"来自没有公司和项目背书的随机的首次代币发行。据估计，攻击者花费了数十万美元来向以太坊发送垃圾交易，并且奇怪的是，攻击在 EOS 启动当天就结束了。

比特币及其所有后继者都遭受了区块链战争的影响。有一种特别奇怪且有害的做法是那些没有获得区块奖励的流氓矿工会制造破坏网络的假区块。不知情的矿工被欺骗去挖掘假的区块链进而破坏了网络。有一些区块链已经开始引入创建"检查点"的软件更新。矿工每隔十个区块进行一次检查，以确保他们正在验证正确的链。如果矿工看到的区块与区块链的最后一个检查点版本不匹配，则将拒绝这些区块。

10.3 欺诈和诈骗

我希望阅读完本书后，你会更深入地研究区块链和分布式账本技术。这种技术的全球性和分布式让人们可以用全新的方式看待世界，并有机会创造新的商业。但是，它的新颖性并不能让该行业免受某些最古老的社会问题的影响。开拓一个新的领域，本质上既令人兴奋又充满危险。

本部分中，你会发现在区块链行业中"新瓶装旧酒"的犯罪行为。你也能更好地理解通证骗局，并学会如何避开常见的欺诈手段。

预付费骗局

区块链行业中已经出现了一部分预付费骗局。在这种骗局中，欺诈者诱使你相信以后会获得更大的收益从而提前买单。最后，作为受害者的你将一无所获。

在 2017 — 2018 年的首次代币发行热潮中，个人宣称自己是投资者的情况很普遍。他们会告诉受害者，他们可以及早或独占不同区块链项目中的投资机会，通常称其为"预售"，并向投资者承诺，作为早期投资者，可以享受 30% ~ 90% 的折扣。他们保证投资将被"解锁"，这样一旦通证在加密货币交易所交易，早期的投资者就可以借势追涨杀跌。在这种类型的欺诈中，这些可疑的人永远不会给受害者发放通证。

欺诈者利用人性的贪婪和欲望。他们会催促你快速做出决策，并尝试为其提供的产品制造人为的稀缺性。你可以通过多种简单的方法来保护自己免受此类欺诈。不论是谁，只要是承诺回报或提前入场（市场），他们很可能是在试图欺骗你。如果他们没有对你执行 KYC（了解你的客户）或 AML（防洗钱）流程（确保你的身份已认证并记录在案）并向你出示合同，则很可能也是在骗你。如果他们承诺提前入场，或解锁你的投资，那么基本上肯定是骗局。甚至更糟的是，他们正在将责任转移给作为投资者的你。每个国家或地区的投资者都有不同的规定，但是很多国家和地区都要求至少持有一年的投资，或者投资者需要承担与发行人相同的责任。为避免受骗，最好的方法还是去找法律顾问咨询有关投资的问题。

身份盗用和信用卡欺诈

在这种骗局中，盗贼窃取你的信用卡之后，用它骗取金钱、货物或财物。许多信用卡公司禁止购买比特币，因为有盗贼会用偷来的信用卡来完成购买行为。

盗贼经常使用所谓的"暗池"来洗比特币。暗池是在区块链之外将许多不同的交易捆绑在一起的地方。通过向暗池发送比特币，政府很难追踪区块链上的交易。

鉴于如此之多的个人信息和身份信息遭到泄露，我们建议你对银行账户和信用卡增加额外的保护。许多公司提供了增强的功能，使未经授权更改账户和发生欺诈性收费变得更加困难。你也可以向手机供应商和金融机构咨询，看看他们如何能更好地保护你的身份和财产。

互联网和设备入侵

通证和加密货币的安全程度取决于你所用的设备和网络连接。黑客通常以富人为目标，他们认为对方持有加密货币或通证。这些盗贼知道，如果他们能够通过入侵设备或网络连接来接管加密货币钱包，就可以窃取个人财产。这种做法极具吸引力，因为被抢劫的投资者几乎不受任何保护。

一种常见的威胁是"SIM 卡入侵"。欺诈者会假装你的身份打电话给电信运营商。然后，盗贼会更改你的账户设置并掌控你的电话，接听所有来电和短信。他们可以用你的电话号码发送消息，从你的联系人那里索要钱财。

如果你已经拍过了私钥、密码或种子恢复短语的照片，盗贼就可以使用它们入侵你的账户并窃取资金。通常，通过浏览云存储的备份，他们可以获得你以为已经删除的图片。

在更极端的情况下，他们可能会入侵你的无线网络或者所连接的设备之一。在这种情况下，盗贼也可以访问你的个人信息并窃取资金。更高安全性的设备没有无线网络或蓝牙的功能。聪明的做法是在不使用设备时，拔掉设备并关闭电源。如果你将加密货币保存在计算机上，请删除所有不必要的软件，然后使用 VPN 联网。

市场操纵

所有非稳定通证和加密货币都经历过"拉高出货"，直到今天仍然如此。拉高出货骗局给通证和加密货币带来了人为的刺激。因为交易量很小，所以加密货币和通证极易受此影响。低交易量是说市场疲弱且几乎没有买卖报价，通常出现在市值低于 20 亿美元的证券中，而大多数通证和加密货币的市值都低于 5 亿美元。

许多加密货币交易所和市场都支持这种行为，因为它们通过收取交易费和出售市场数据来赚钱。更阴险的做法是，通证会用来预补偿市场交易员，然后引发"对敲交易"[1]（Wash Trade）。整个过程可以类比为将鱼饵扔到水中吸引鱼时搅动了水。发行人和交易所或市场交易员会创造虚假的交易量，使通证的需求似乎比市场上的实际需求要多。然后，其他投资者就会被吸引过来购买资产。一旦骗子们看到有足够的投资者和自然交易，他们便会抛售通证并破坏市场。

另一方面，由于这些市场没有关于购买或出售通证时价格的真正规则，狡猾的人会通过超高价或超低价推动市场上涨或下跌。这些极端的报价会引起市场混乱，尤其是许多投资者使用机器人或预设的买卖订单来进行交易。交易者之所以这样做，是因为加密货币交易所每周 7 天，每天 24 小时在全球范围内运作，因此他们不可能一直监控市场。相反，受监管的交易所运行在单个时区和每周预定的小时和天数内。

极低和极高的价格会触发整个市场的买卖报价，从而导致价值降低。任何人都可能触发这些事件，交易所和市场仍然非常容易受到这种操纵的影响。

金字塔和庞氏骗局

金字塔和庞氏骗局是同一类欺诈手段，骗子向你承诺传统的投资方式无法获得高额回报或股息。在老派的庞氏骗局中，骗子使用后续投资者的资金向初始投资者支付"股息"。通常，骗子甚至不会为受害者投入一分钱。

在区块链世界中，许多首次代币发行看起来很像庞氏骗局。骗子会

[1] 译者注：自己利用多个账户相互买卖，伪造高交易量，从而误导他人的交易决策，以达到自己的目的。

金字塔的顶层变得富裕，而底层支撑着顶层参与者

图 35 庞氏骗局——每一层投资者都支撑着上一层，资金流向高层

在交易所上架通证，并通过市场操纵来提升价值。他们聘请发起人，这些发起人会讨论该项目对行业有多大的利好。骗子继而提出一项有关新网络或服务的提案，表明一旦他们从投资者那里获得资金，便会建立这些网络或服务。这些提案通常被称为"白皮书"。所有这些活动让项目具有了合法性。

确实也有一些合法的项目，但是大部分都是非法的。区分好项目和坏项目的一种简单方法是看两件事。首先要确定团队是否已经进行了一部分项目的开发。如果答案是否定的，那么花时间去参与可能太冒险了。其次就是团队的经验，特别是看他们是否已经构建过类似的技术。

10.4　小结

区块链技术已经走了很长一段路。但是，它仍处于快速发展中，你必须了解它的局限性和面临的挑战。私有链和公有链都可以被操纵，盲目信任很可能导致灾难。不断提出问题并保持好奇心会帮助你清除错误信息。

交易记录的透明性以及由区块链支持的金融工具的自动清结算的性质，使区块链技术成为金融领域的一项奇妙创新。但是，正如你在本章中所发现的那样,透明并不意味着没有欺诈。老派的骗人伎俩仍被用来窃取和操纵他人。

许多人通过参与首次代币发行来改善生活,但是更多的人失去了全部投资。速度、匿名性和便捷性吸引了创新者和欺诈者,请不要被那些不合理的拉高出货骗局或其他投资机会所蒙蔽。作为一种实践,投资在加密市场没有任何不同,你需要保持和传统投资一样的勤勉精神。

10.5 本章小测验

1. 最著名的智能合约被黑客入侵的案例是什么?

　　A. DAO

　　B. EOS

　　C. 智能合约投资基金

　　D. 首次代币发行

2. 私有链是否需要挖矿?

　　A. 是

　　B. 否

3. 以太坊基金会是如何解决 DAO 智能合约的黑客攻击事件的?

　　A. 以太坊基金会编辑了智能合约并退还了投资者资金。

　　B. 以太坊基金会没有修复合合约。

　　C. 以太坊基金会分叉了网络并创建了一个新的以太坊。

　　D. 黑客归还了大部分资金。

4. 什么是 51% 攻击?

　　A. 当矿池在区块链网络之间轮换以优化挖矿成效时。

　　B. 当政府入侵网络时。

　　C. 当区块链网络中 51% 的矿工同意更新共识算法时。

　　D. 当网络的哈希算力由一个组织控制,并且他们以此操纵了区块链的历史记录。

5. 工作量证明算法是唯一容易遭受 51% 攻击的网络类型吗？

    A. 是

    B. 否

6. 微小差异的自恋情节如何影响区块链社区？

    A. 区块链社区联系越来越紧密，并共同解决问题。

    B. 社区开发了许多类似的项目，这些项目与另外一个有细微差别。

    C. 团队关注外部团队无法察觉的微小差异。

    D. 团队在小事上取笑另一个团队。

7. 什么是"预付费骗局"？

    A. 骗子说服投资者投资新的互联网业务的一种欺诈手段。

    B. 一种欺诈行为，骗子说服投资者购买一种新的金融产品，该产品以通证支付股息。

    C. 一种欺诈行为，骗子说服投资者立即支付某些东西的费用，这些东西有望在以后具有更大价值。但相反，他们没有得到任何有价值的东西。

    D. 一种欺诈行为，骗子说服投资者以折扣价购买已注册的证券，但他们却获得了有价值的东西。

8. 什么是"SIM 卡入侵"？

    A. 盗贼使用社会工程学通过电信运营商来访问你的手机和个人记录。

    B. 盗贼使用社交工程学访问你的电子邮件和社交媒体账户。

    C. 盗贼使用社会工程学访问你的家庭和朋友圈。

    D. 通过蓝牙入侵你的手机。

9. 什么是首次代币发行 的"拉高出货"骗局？

    A. 这是一种证券欺诈，银行抛弃了表现不佳的投资。

    B. 这是一种证券欺诈，通过人为制造的兴奋以及购买通证和加密货币的压力。

    C. 这是一种证券欺诈，证券评级公司夸大了证券价值。

D. 这是一种证券欺诈，其中个人低估了投资者的风险。

10. 什么是"金字塔"骗局?

A. 这是一种证券欺诈，保险公司通过理财师提供分红投资。

B. 这是一种证券欺诈，发行人夸大其发行产品的价值并轻视投资者的风险。

C. 这是一种证券欺诈，骗子盗用另一家公司的知识产权。

D. 这是一种证券欺诈，骗子许诺向其提供高额回报，并通过使用后续投资者的资金向初始投资者支付"股息"来维持一段时间。

参考答案

第1章

1. C 2. D 3. A 4. C 5. D 6. D

7. A 8. B 9. C 10. D

第2章

1. A 2. D 3. C 4. B 5. A 6. C

7. A 8. C 9. A 10. B

第3章

1. A 2. D 3. C 4. B 5. B 6. C

7. A 8. D 9. C 10. A

第4章

1. C 2. A 3. D 4. B 5. B 6. B

7. C 8. D 9. B 10. B 11. A 12. C 13. B 14. D

第5章

1. C 2. B 3. D 4. A 5. B 6. A

7. B 8. D 9. A 10. B

第6章

1. B 2. D 3. C 4. A 5. B 6. A

7. D 8. D 9. A 10. C

第 7 章

1. C　2. A　3. B　4. D　5. C　6. A

7. B　8. C　9. A　10. D

第 8 章

1. B　2. A　3. A[1]　4. B　5. D　6. A

7. B　8. D　9. C　10. A

第 9 章

1. C　2. B　3. A　4. C　5. B　6. A

第 10 章

1. A　2. B　3. C　4. D　5. B　6. B

7. C　8. A　9. B　10. D

---

[1]　译者注：原书中答案为 C，但是问题是"什么是通证？"，C 选项是数字法币的解释，所以准确的选项是 A。

索 引

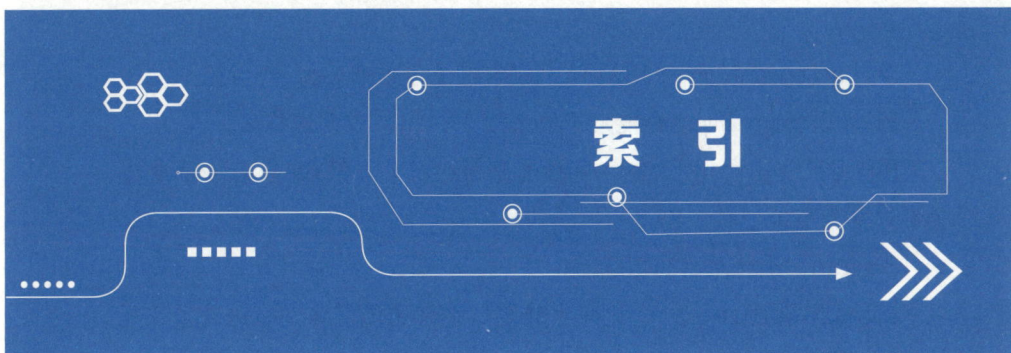

51% attack，51% 攻击，14, 29

A

AI（Artificial Intelligence），人工智能，103

American Payments Fraud & Control Survey，美国支付欺诈和控制调查，121

Andresen, Gavin，加文·安德尔森，早期比特币开发者，57

Aoki, Keith，基思·青木，美国法律教授，137

API（Application Programming Interface），应用编程接口，8

Artificial General Intelligence，通用人工智能，103

ASIC mining chips，ASIC 挖矿芯片，29

Assange, Julian，朱利安·阿桑奇，维基解密创始人，53

asymmetric cryptography，非对称加密，21

Avalon，阿瓦隆，比特币矿机，30

B

B3i[1]，区块链保险行业基金会，135

BABB[2]，基于银行账户的区块链，一家创业银行，132

Back, Adam[3]，亚当·贝克，Hashcash 的发明者，52

BCH（Bitcoin Cash），比特币现金，57

---

[1] https://b3i.tech/
[2] https://hackernoon.com/babb-bank-account-based-blockchain-we-are-our-own-banks-180aaf7453fb
[3] https://en.wikipedia.org/wiki/Adam_Back

Berne Convention（1886），1886 年《伯尔尼公约》，136

BIP（Bitcoin Improvement Proposal），比特币改进提案，57

BIP 65[1]（Bitcoin Improvement Proposal），第 65 号比特币改进提案以支持智能合约，81

Bitcoin，比特币，11, 53, 54

Bitcoin Obituaries[2]，比特币讣告，追踪主流媒体宣布比特币已死的次数，55

Bitcoin white paper（2008）[3]，2008 年发布的比特币白皮书，2

Bitlicense（New York Department of Financial Services），纽约金融服务部颁发的比特许可证，155

Black Insurance，基于区块链的数字保险公司，134

Bletchley Park，布莱切利庄园，"二战"时英国破译密码的地方，20

blockchain，区块链，5

-ledgers，账本，21, 22

-network，网络，50

-protected identity，保护的身份，95, 98

-technology，技术，2

blockchain technology，second-generation applications，区块链技术的第二代应用，77

block headers，区块头，6

BlockRe，加密资产保险公司，134

Blockstack，最早以去中心化身份创建的公司，99

Blumer, Brendan，布兰登·布鲁默，EOS 的创始人之一，62

BTC（Bitcoin），比特币，57

BTC mining，比特币挖矿，29

burning cryptocurrency，烧毁加密货币，43

Buterin, Vitalik，维塔利克·布特林，以太坊的创始人，67

---

[1] https://github.com/bitcoin/bips/blob/master/bip-0065.mediawiki

[2] https://99bitcoins.com/bitcoin-obituaries/

[3] https://bitcoin.org/bitcoin.pdf

C

CAC（Cyberspace Administration of China），中华人民共和国国家互联网信息办公室，简称网信办，152

CBDC（Central Bank Digital Currency），央行数字货币，128

Central Bank Digital Money（Singapore），新加坡央行数字货币，151

centralized private networks，中心化私有网络，162

Chaincode（Hyperledger），超级账本中的链码，44

Chaincode Labs，由 Alex Morcos、Suhas Daftuar 创立的加密货币研发公司，58

ChainThat，关注金融科技的创业公司，提供保险解决方案，135

channel，通道，HyperledgerFabric 私有子网，8

Chaum, David，大卫·乔姆，盲签名技术的发明者，52

China, Whole Country strategy，中国全球战略，152

Civic, blockchain-based identity network，基于区块链的身份验证平台，100

Clarke, Joan，琼·克拉克，和图灵一起工作的破译者，20

Clayton, Jay，杰伊·克莱顿，美国证券交易委员会主席，70

client，轻节点或客户端程序，6

competitive governance，竞争性治理，144

consensus system，共识系统，5

Corda，分布式账本技术框架 Corda，7

Corda（R3），R3 联盟下的分布式账本技术框架 Corda，122

COTI[1]（FinTech company），区块链支付公司，122

credit card fraud，信用卡欺诈，164

cryptocurrency，加密货币，10

cryptography，密码学，20

Cryptokitties，谜恋猫[2]，13

---

[1] https://coti.io/
[2] 译者注：非正式中文译名有加密猫、以太猫等。

Cypherpunk，密码朋克，52

D

DAO（Decentralized Autonomous Organization），去中心化自治组织，86, 160

DApps（decentralized applications），去中心化应用，36, 51, 84

dark pools，暗池，洗钱的场所，165

DCI（Digital Currency Initiative），麻省理工学院媒体实验室开展的数字货币计划，58

decentralized identity，去中心化身份，93

decentralized marketplace，去中心化市场，106

Delegated Proof of Stake（DPoS），委托权益证明，60

DEX（Waves Decentralized Exchange），俄罗斯知名的 Waves 去中心化交易所，72

DIF（Decentralized Identity Foundation），去中心化身份基金会，99

Diffie, Whitfield，惠特菲尔德·迪菲，21

Digicash，数字现金，11, 52

digital collectibles，数字收藏品，13

digital fiat currency，数字法币，127

digital IP，数字知识产权，135

digital reproduction，数字复制品，135

DLT（distributed ledger technology），分布式账本技术，7, 31, 58, 94

DPoS（Delegated Proof of Stake），委托权益证明，60

E

economic incentivization，经济激励，19

eCurrency[1]，央行数字货币的解决方案，128

electronic data notarization services（China），电子数据公证

---

[1] https://www.ecurrency.net/

服务（中国），146

　　Elixxir[1]，大卫·乔姆 2017 年创立的区块链网络 xx network 中关键的隐私保护技术，52

　　encryption，加密，19

　　Enigma，"二战"时德国的恩尼格玛密码机，也称"奇谜"，20, 105

　　EOA（externally owned accounts），以太坊外部账户，80

　　EOS[2]，开源区块链平台，60

　　ePOD（Electronic Proof of Delivery），电子交货证明，117

　　ERC-20[3] token standard，以太坊 ERC-20 通证标准，同质化代币标准，13, 82

　　ERC-721[4] token standard，以太坊 ERC-721 通证标准，非同质化代币标准，13, 82

　　e-Residency（Estonia），电子居留权（爱沙尼亚），145

　　Ethereum[5]，以太坊，67

　　Ethereum Academic and Research Collaboration，以太坊学术与研究合作组织，69

　　Ethereum blockchain，以太坊区块链，12

　　Ethereum Classic，以太坊经典，161

　　Ethereum foundation，以太坊基金会，12

　　Everex[6]（FinTech company），位于新加坡的金融科技公司，123

　　Everledger[7]，区块链奢侈品溯源公司，116

F

　　Factoid，Factom 的原生通证，10

　　Factom federated network，Factom 联盟网络，10

[1]　https://xx.network/faq
[2]　https://eos.io/
[3]　https://eips.ethereum.org/EIPS/eip-20
[4]　https://eips.ethereum.org/EIPS/eip-721
[5]　ttps://ethereum.org/
[6]　https://everex.io/company/
[7]　https://www.everledger.io/

Falke, Marco，马可·法尔克，比特币核心开发的质量保证和测试人员，58

federated blockchain nodes，联盟区块链节点，9

federated Factom nodes，联盟公证通节点，9

FinCEN，金融犯罪执法网络，美国财政部的一个机构，63

FinTech industry，金融科技行业，128

fork，分叉，38

Franklin, Benjamin，本杰明·富兰克林，美国开国元勋，第一家人寿保险公司的创立者，133

Fugger, Ryan，瑞安·富格，瑞波项目最初的创办人，63

full node，全节点，5

G

GBC（Global Blockchain Council），UEA，全球区块链委员会（阿联酋），154

GitHub，开源代码托管平台，108

Global Blockchain Survey 2019（Deloitte），2019 年全球区块链调查（德勤），53

gold standard，金本位，26

H

hackathons，黑客松，69

hardfork，硬分叉，27

Hashcash，哈希现金，52

hashes，哈希，3, 22

Hellman, Martin E.，马丁·赫尔曼，21

Hinman, William，威廉·辛曼，美国证券交易委员会高级官员，70

hybrid blockchains，混合链，13

Hyperledger Composer，方便创建 Fabric 应用程序的工具，60

Hyperledger Fabric，超级账本旗下的 Fabric 项目，8, 44, 58

Hyperledger Fabric Node，Fabric 节点，44

I

IBM, Trusted Identity solution, IBM 的可信身份解决方案, 100

ICANN（Internet Corporation for Assigned Names and Numbers）, 互联网名称与数字地址分配机构, 54

ICO（initial coin offering）, 首次代币发行, 13

ID2020 Alliance, ID2020 联盟, 全球性的公私合作伙伴关系, 99

identity of citizens, 公民身份, 96

Identity Overlay Network Infrastructure, 身份覆盖网络基础设施, 100

identity theft, 身份盗用, 164

identity verification, 身份验证, 97

IETF（Internet Engineering Task Force）, 互联网工程任务组, 54

IMAP（Internet Message Access Protocol）, 互联网邮件访问协议, 54

Insurance industry, 保险业, 132

intellectual property rights, 知识产权, 135

IoT（Internet of Things）, 物联网, 43, 92

IPwe, 世界专利生态系统平台, 139

Ivanov, Sacha, 萨恰·伊凡诺夫, 俄罗斯物理学家, Waves 项目的创始人, 71

K

Knights Templar, 圣殿骑士团, 著名的建立银行网络的团体, 25

L

Laan, Wladimir J. van der, 弗拉基米尔·范德兰, 比特币项目开发者, 57

Larimer, Daniel, 丹尼尔·拉里默, EOS 团队的创始人之一, 62

ledger, 账本, 7, 24, 50

legal contracts，法律合同，78

legal identity，法律身份，98

lightweight nodes，轻节点，6

Liquid，Blockstream 的交易所间结算网络，128

LOCI，在线专利目录，139

Luhn，Hans Peter，汉斯·彼得·卢恩，IBM 工程师，20 世纪 50 年代将散列概念视为一种组织数字和文本的方式，23

M

machine learning，机器学习，104

Madrid Agreement（1891），1891 年《马德里协定》，136

Malta Digital Innovation Authority Act，马耳他数字创新授权法案，156

market manipulation，市场操纵，165

MAS（Monetary Authority of Singapore），新加坡金融管理局，120，151

MDIA（Malta Digital Innovation Authority），马耳他数字创新局，89

Medici family，美第奇家族，118

mempools，交易池，56

Merkle tree root，默克尔树根，15

Microsoft，distributed ledger platform on Azure，微软云平台 Azure 上的分布式账本，99

miner，矿工，6

mining，挖矿，4，28

MIT Media Lab，MIT 媒体实验室，57，103

N

Nakamoto，Satoshi，中本聪，比特币创始人，2，11，36，52

NFC（Near-Field Communication），近场通信，115

node，节点，4

nonce，随机数，6

nothing-at-stake problem，POS 共识算法的缺陷，"作恶无成本，好处无限多"，38

Nxt（Proof-of-Stake protocol），区块链支付网络（权益证明），71

O

online chat rooms，在线聊天室，96

OpenPort[1]，供应链行业中的一家新兴公司，为风险管理提供解决方案，117

OPN（OpenPorts Token），OpenPort 项目发行的通证，117

orderer peers，Fabric 的排序节点，8

P

Paris Convention（1883），1883 年《巴黎公约》，136

passport，护照，96

PayPal，贝宝，支付公司，119

Peers and Orderers，对等节点和排序节点，8

Peertracks，一家致力于改变音乐产业的区块链初创公司，149

Perelman, Or，佩雷尔曼，试图在比特币中建立脚本的开发人员，68

permissioned blockchains，许可链，7

PlatON，万向区块链旗下的隐私计算网络与分布式经济体基础设施，150

Ponzi scheme，庞氏骗局，156

private blockchains，私有链，13

private key，私钥，3, 21

Proof of Authority（PoA），权威证明，40

Proof of Burn，烧毁证明，43

Proof-of-Capacity（PoC），容量证明，42

---

[1] https://openport.com/

Proof of Elapsed Time（PoET），消逝时间证明，41

Proof-of-Space（PoSpace），空间证明，42

Proof of Stake（PoS），权益证明，37

Proof of Work（PoW），工作量证明，36，52

Proof of Work（PoW）public blockchains,基于工作量证明的公有链，161

public blockchains，公有链，7，13

public-key cryptography，公钥加密，21

public witness，公开见证，26

pyramid scheme，金字塔骗局，166

R

R3 Consortium[1]，R3 联盟，122

R3 platform，R3 平台，8

RCN[2]（Ripio Credit Network），Ripio 信用网络，基于区块链的全球信用网络，131

RFID（Radio Frequency IDentification），射频识别技术，115

Ripple[3]，瑞波，63

Ripple protocol，瑞波协议，122

S

Sawtooth Lake project，超级账本旗下的锯齿湖项目，41

secret key，密钥，20

SEC(Securities and Exchange Commission),美国证券交易委员会，68

security of online data，在线数据的安全性，97

SegWit（Segregated Witness），隔离见证，56

self-sovereign identity，自我主权身份，94

SendFriend，改善汇款体验和降低成本的应用程序，123

[1]　https://www.r3.com/
[2]　https://ripiocredit.network/
[3]　https://ripple.com/

SHA256（Secure Hashing Algorithm 256），SHA-2 系列的一种哈希算法，23

ShipChain[1]，货运跟踪和交付的区块链平台，117

Silk Road，丝绸之路，55

sim card hacks，SIM 卡入侵，165

Simplified Payment Verification（SPV），简单支付验证，6

Singapore SMart Nation project，新加坡的智能国家项目，151

SingularityNET[2]，人工智能服务的去中心化市场，105

smart cities，智慧城市，150

smart contracts，智能合约，78, 160

Smart Dubai initiative[3]，智能迪拜倡议，154

Spoofing，欺诈，101

STO（Security tokens），证券型通证，84

Strong AI，强人工智能，103

supply chain industry，供应链行业，114

SwiftMail，基于区块链的电子邮件，147

SWIFT（Society for Worldwide Interbank Financial Telecommunication），环球银行金融电信协会，118

Szabo, Nick，尼克·萨博，智能合约的提出者，79

T

TEE（trusted execution environment），可信执行环境，41

Todd, Peter，彼得·托德，BIP65 的发起人，81

tokens，通证，12

tokens, second generation，第二代通证，83

token standards，通证标准，82

Toyota Research Institute，丰田研究所，103

transaction，交易，25

---

[1]　https://shipchain.io/

[2]　https://singularitynet.io/

[3]　https://www.smartdubai.ae/

trust, 信任, 97

trusted authorship, 受信主体, 148

Turing, Alan, 阿兰·图灵, 20

U

UjoMusic[1], 基于以太坊的音乐购买和授权的平台, 149

V

Vaultitude, 专注于法律、专利和版权行业的公司, 139

Ver, Roger, 罗杰·弗埃尔, 比特币投资人, 63

W

Waves platform, Waves 平台, 71

Waves (public blockchain), Waves (公有链), 10

Weak AI, 弱人工智能, 103

Western Union, 西联汇款, 119

Wikileaks, 维基解密, 53

WIPO[2] (World Intellectual Property Organization), 世界知识产权组织, 137

witnesses, 见证, 39

Woorton, 提供市场流动性的加密货币公司, 131

Wuille, Pieter, 彼得·乌耶尔, 比特币核心开发者, Blockstream 联合创始人, 58

X

XRP (Ripple), 瑞波币, 63

Y

Yifu Guo, 郭逸夫, 阿瓦隆矿机的设计者, 30

---

[1] https://ujomusic.com/

[2] https://www.wipo.int/portal/en/index.html

附录

EXIN Blockchain 基础级认证
考试大纲和样题及答案解析

EXIN

EXIN Blockchain

FOUNDATION

Certified by

EXIN

认证备考指南

202008 版本

1. 概述

EXIN Blockchain Foundation (BLOCKCHAINF.CH)

范围

EXIN Blockchain Foundation 是一项认证，旨在验证专业人士具备以下方面的知识：

- 区块链基础知识；
- 区块链面临的挑战；
- 区块链的应用；
- 区块链创新。

总结

EXIN Blockchain Foundation 是基础级认证，旨在考核从业人员掌握区块链作为分类账的相关知识，并可能成为全球范围内，在资产登记、资产库存和资产转移方面去中心化的记录手段，其中资产包括资金、财产、产品以及投票、软件、医疗数据和创意等无形资产。本认证涵盖了区块链的基本概念、潜在的应用领域、对组织机构的潜在价值和驱动区块链创新的技术。

背景

EXIN Blockchain Foundation 认证是 EXIN Blockchain 认证项目的一部分。

目标群体

本认证是为商业和 IT 领域的相关从业者，以及计划在加密货币和智能合约等区块链技术相关领域的从业人员而设立的资格证。

认证要求

- 顺利通过 EXIN Blockchain Foundation 考试。

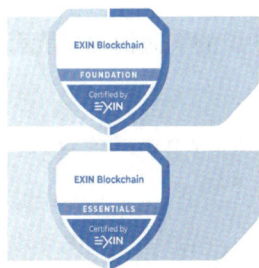

考试细节

考试类型：	单选题
题目数量：	40
通过分数：	65% (26/40 题）
是否开卷考试：	否
是否记笔记：	否
是否允许携带电子设备 / 辅助设备：	否
考试时间：	60 分钟

EXIN 的考试规则和规定适用于本次考试。

布鲁姆级别

EXIN Blockchain Foundation 认证根据布鲁姆分类学修订版对考生进行布鲁姆 1 级和 2 级测试。

● 布鲁姆 1 级：记忆——依靠对信息的回忆。考生需要对知识吸收、记忆、识别和回忆。

● 布鲁姆 2 级：理解——识记之上的一级。理解表明考生能够理解呈现的内容，并能够评估如何将学习资料应用到实际的环境中。这类题目旨在证明考生能够整理、比较、阐释并选择跟事实和想法有关的正确描述。

培训

培训时长

本培训课程时长建议为 14 小时。该时长包括学员分组作业、考试准备和短暂休息。

该时长不包括家庭作业、备考的准备工作和午餐休息时间。

建议个人学习时间

60 小时，根据现有知识的掌握情况可能有所不同。

培训机构

您可通过 EXIN 官网 www.exin.com 查找该认证的授权培训机构。

2. 考试要求

考试要求详见考试说明。下表列出模块主题（考试要求）和副主题（考试规范）。

考试要求	考试规范	权重
1. 区块链基础知识		37.5%
	1.1 区块链技术	15%
	1.2 其他区块链要素	12.5%
	1.3 区块链网络的结构	10%
2. 区块链面临的挑战		17.5%
	2.1 区块链的挑战	10%
	2.2 区块链风险的缓解	7.5%
3. 区块链的应用		32.5%
	3.1 区块链应用案例	2.5%
	3.2 区块链技术如何支持业务	7.5%
	3.3 区块链技术与人类社会	10%
	3.4 扩展区块链应用	7.5%
	3.5 区块链与世界经济	5%
4. 区块链创新		12.5%
	4.1 区块链技术创新	12.5%
合计		100%

考试规范

1. 区块链基础知识

1.1 区块链技术

考生能够：

1.1.1　说明区块链的工作方式。

1.1.2　说明什么是节点。

1.1.3　识别网络中节点的作用。

1.1.4　说明什么是通证。

1.1.5　区分公有链、私有链和混合链。

1.2 其他区块链要素

考生能够：

1.2.1　说明加密技术在区块链中的应用。

1.2.2　说明私钥和公钥在区块链中的应用。

1.2.3　说明哈希在区块链中的应用。

1.2.4　说明账本在区块链中的用途。

1.2.5　说明挖矿在区块链中的作用。

1.3 区块链网络的结构

考生能够：

1.3.1　根据描述识别共识算法的类型。

1.3.2　识别不同共识算法的优缺点。

2. 区块链面临的挑战

2.1 区块链的挑战

考生能够：

2.1.1　识别区块链漏洞。

2.1.2　识别社群的分裂和仇恨对区块链构成的风险。

2.1.3　识别欺诈和诈骗对区块链构成的风险。

2.2 区块链风险的缓解

考生能够：

2.2.1　说明如何运用其他区块链要素缓解区块链风险。

2.2.2　说明公众见证在区块链中的作用。

3. 区块链的应用

3.1 区块链应用案例

考生能够：

3.1.1　说明区块链在何种情况下起作用。

3.2 区块链技术如何支持业务

考生能够：

3.2.1　说明如何使用加密货币。

3.2.2　识别某一情境中运用的区块链技术。

3.2.3　区分各种区块链网络。

3.3 区块链技术与人类社会

考生能够：

3.3.1　说明智能合约的用法。

3.3.2　说明去中心化应用（DApp）的用法。

3.3.3　说明去中心化自治组织（DAO）和复杂智能合约的作用。

3.4 扩展区块链应用

考生能够：

3.4.1　描述区块链关于身份的可能应用。

3.4.2　识别将区块链与物联网（IoT）或人工智能（AI）结合的可能性。

3.4.3　识别以区块链技术促进去中心化市场和交易所的应用。

3.5 区块链与世界经济

考生能够：

3.5.1　描述区块链在供应链中可以起到的作用。

3.5.2　描述区块链在跨境汇款中可以起到的作用。

4. 区块链创新

4.1 区块链技术创新

考生能够：

4.1.1　说明什么是法定数字货币以及其如何扰乱银行业和货币行业的。

4.1.2　说明区块链技术如何改变保险行业。

4.1.3　说明如何应用区块链技术保护知识产权（IP）及其来源。

4.1.4　说明区块链技术如何改变政府。

4.1.5　识别电子邮件中的区块链技术应用以及互联网的信任层。

3. 考试术语表

本章节包含了考生应熟知的术语和缩写。

请注意单独学习术语并不能满足考试要求。学员必须了解其概念，并且能够举例说明。

英文	中文
asymmetric encryption	非对称加密
artificial intelligence (AI) · strong AI / general AI · weak AI / narrow AI	人工智能 (AI) ·强 AI / 一般 AI ·弱 AI / 窄 AI
block header	区块头
blockchain · hybrid blockchain · private blockchain · public blockchain	区块链 ·混合链 ·私有链 ·公有链
connected device	互联设备
consensus algorithm · Delegated Proof of Stake (DPoS) · Proof of Authority (PoA) · Proof of Burn · Proof of Capacity (PoC) · Proof of Elapsed time (PoET) · Proof of Space (PoSpace) · Proof of Stake (PoS) · Proof of Work (PoW)	共识算法 ·委托权益证明 (DPoS) ·权威证明 (PoA) ·烧毁证明 ·容量证明 (PoC) ·消逝时间证明 (PoET) ·空间证明 (PoSpace) ·权益证明 (PoS) ·工作量证明 (PoW)
cryptocurrency	加密货币
cryptography	密码学
decentralized application (DApp)	去中心化应用 (DApp)
decentralized autonomous organization (DAO)	去中心化自治组织 (DAO)
decentralized exchange	去中心化交易所
decentralized identity	去中心化身份
decentralized marketplace	去中心化市场

digital fiat currency / central bank digital currency (CBDC)	法定数字货币 / 中央银行数字货币 (CBDC)
distributed ledger technology (DLT)	分布式账本技术 (DLT)
e-mail spam	垃圾邮件
externally owned account (EOA)	外部拥有账户 (EOA)
hacking	黑客攻击
hash	哈希
intellectual property rights (IP)	知识产权 (IP)
internet of things (IoT)	物联网 (IoT)
lean governments	精益政府
ledger	账本
mining	挖矿
near-field communication (NFC)	近场通信 (NFC)
node full node lightweight node / client	节点 ·全节点 ·轻节点 / 客户端
nonce	随机数
opcode	操作码
peer-to-peer network (P2P)	对等网络 (P2P)
private key	私钥
public key	公钥
public witness	公开见证
radio frequency identification (RFID)	射频识别 (RFID)
second generation tokens	第二代通证
segregated witness (SegWit)	隔离验证 (SegWit)
self-sovereign identity	自我主权身份
smart contract	智能合约
spoofing	电子欺骗
stable coin	稳定币
supply chain	供应链
token	通证
trusted execution environment (TEE)	可信执行环境 (TEE)
virtual machine (VM)	虚拟机 (VM)
vulnerabilities	漏洞

4. 文献

考试文献教材

以下文献包含了考试要求掌握的知识。

Author：Tiana Laurence

Introduction to Blockchain Technology – The many faces of blockchain technology in the 21st century

Van Haren Publishing (2019 年 11 月)

ISBN: 978 94 018 0499 8 (纸质版)

ISBN: 978 94 018 0501 8 (电子书)

ISBN: 978 94 018 0504 9 （ePuB）

教材考点分布矩阵

考试要求	考试规范	权重
1. 区块链基础知识		
	1.1 区块链技术	第 1 章，第 2 章
	1.2 其他区块链要素	第 1 章，第 2 章
	1.3 区块链网络的结构	第 3 章
2. 区块链面临的挑战		
	2.1 区块链的挑战	第 2 章，第 4 章，第 10 章
	2.2 区块链风险的缓解	第 2 章，第 4 章，第 10 章
3. 区块链的应用		
	3.1 区块链应用案例	第 4 章，第 5 章，第 6 章
	3.2 区块链技术如何支持业务	第 1 章，第 4 章，第 8 章
	3.3 区块链技术与人类社会	第 5 章，第 9 章
	3.4 扩展区块链应用	第 6 章
	3.5 区块链与世界经济	第 7 章
4. 区块链创新		
	4.1 区块链技术创新	第 8 章，第 9 章

EXIN Blockchain

FOUNDATION

Certified by

考试样卷
202102 版本

考试说明

本试卷是 EXIN Blockchain Foundation (BLOCKCHAINF.CH）模拟考试。EXIN 考试准则适用于该考试。

本试卷由 40 道单项选择题组成。每道选择题有多个选项，但这些选项中只有一个是正确答案。

本试卷的总分是 40 分。每道题的分数是 1 分。通过考试您需要获得 26 分或以上。

考试时间为 60 分钟。

祝您好运！

考试样卷

1. 哪一项是公有链的优点？

A. 公有链不使用无利害关系的第三方保护区块安全，因为所有参与者都具有既得利益。

B. 公有链具有更强的抵御欺诈能力，因为它使用联盟节点来对抗欺诈。

C. 公有链对全世界所有人开放，无须许可和授权要求。

D. 公有链网络由营利性公司构建，网络的正常运行有所保障。

2. 什么是区块链？

A. 一种集中式数据库，存储着所有节点上所有交易记录的子集。

B. 一种客户—服务器数据库，数据同时存在于有限数量的节点中。

C. 一种将所有的交易记录都存储在网络上的分布式数据库。

D. 一种独立运行数据库，由多个节点存储着所有的历史交易记录。

3. 区块链网络中轻节点的功能是什么？

A. 轻节点存储网络上每笔交易的完整历史记录。

B. 轻节点为区块链网络的用户存储购买的加密货币。

C. 轻节点通过借用全节点的工作来验证交易。

4. 哪一项不属于节点的类别?

A. 全节点

B. 轻节点

C. 默克尔节点

D. 矿工节点

5. 一种不记名票据可通过区块链网络在两方之间转移价值。

以上说的是哪一种票据?

A. DApp

B. 哈希

C. 节点

D. 通证

6. 公有链的主要特点是什么?

A. 允许用户选择节点处理交易

B. 允许任何人参与区块链网络

C. 允许控制参与的主体以及参与的级别

D. 仅允许可信方操作其区块链

7. 哪一项属于密码学在区块链的应用案例?

A. 使用私钥访问私有链或混合链

B. 创建加密货币作为挖矿节点的奖励

C. 保护区块链免受损坏节点的 51% 攻击

D. 确保接受者之间加密货币的安全转移

8. 区块链如何利用私钥和公钥加密?

A. 非对称加密允许发送者将加密货币转移至公钥。然后,接收者可用各自的私钥访问资金并将资金存入钱包。

B. 在公钥加密中,一个密钥用于对交易进行加密和解密。发送方使用此密钥发送加密货币,而接收方的钱包在解密后保存加密货币。

C. 对称加密允许发送者向另一个用户传输加密货币。然后,当发送方授予对其私钥的访问权时,接收方可以访问其资金。

D. 区块链中的算法将私钥和公钥加密并存储到所有用户的钱包中。然后，用户通过二十位口令密钥访问其资金。

9. 混合链网络如何对抗 51% 攻击？

A. 通过一个中央控制器，确保网络中每个节点的安全

B. 通过一个工作量证明（PoW）算法，允许矿工保护网络安全

C. 通过激励，矿工因确保网络安全而获得货币

D. 通过默克尔树根，允许网络将自身还原到其最后一个有效区块

10. 区块链如何像账本一样发挥作用？

A. 区块链保留了网络上发生的所有交易的记录。

B. 区块链将大量交易数据保存为一个中央数据库。

C. 区块链定期更新区块链中每个钱包的所有余额。

11. 区块链网络中矿工的任务是什么？

A. 矿工作为单一的第三方来收集记录，并通过矿工权威当局向网络提供信任。

B. 矿工是允许访问区块链的计算机，确保损坏节点的数量保持较低水平。

C. 矿工是通过计算正确的随机数促成交易而竞争奖励的节点。

D. 矿工决定应遵守的共识规则，并在这些规则被打破时进行干预。

12. 哪一项描述仅符合工作量证明（PoW）共识算法？

A. 一种协作共识算法，由被授权的账户执行验证。

B. 一种由农民推动的协作共识算法，他们提供计算机剩余的内存，使交易成为可能。

C. 一种共识算法，对整个交易流程进行验证，包括正确性以及交易顺序。

D. 一种低成本的快速算法，节点需要存入加密货币以担保交易进行。

E. 一种非竞争性共识算法，验证由选定节点执行，而选定节点将加密货币发送到一个地址，而从这个地址加密货币无法被收回。

F. 一种涉及协同验证的算法，协同验证由共识之外选择的验证者

执行。

G. 一种算法，可在可信执行环境中工作，并证明交易发生的时间。

H. 一种高强度且昂贵的竞争性算法，其中区块链上的每个挖矿节点都在相互竞争从而确保其获得区块。

13. 一种竞争性共识算法因区块链难以满足交易速度要求而开发。

以上说的是哪一种共识算法？

A. 委托权益证明（DPoS）

B. 烧毁证明

C. 权益证明（PoS）

D. 工作量证明（PoW）

14. 哪一种共识算法最不节能？

A. 委托权益证明（DPoS）

B. 权威证明（PoA）

C. 空间证明（PoSpace）

D. 工作量证明（PoW）

15. 使用证明消逝时间证明（PoET）这种共识算法而不是工作量证明（PoW）有什么优点？

A. PoET 通常比 PoW 更容易被用于非许可链，因为 PoET 的摇号系统用来选择节点比较安全。

B. PoET 的交易成本通常低于 PoW，因为其所需的硬件比 PoW 更为通用。

C. PoET 比 PoW 安全得多，因为 PoET 通过为交易加上时间戳来支持可信执行环境（TEE）。

D. PoET 通常比 PoW 更快，因为与 PoW 相比，竞争验证的节点更少，原因是 PoET 随机选择节点。

16. 攻击者试图破坏区块链的交易历史，以便能够使用通证或加密货币两次。

攻击者最可能做的事情是什么？

A. 攻击者更改了节点上的交易并在网络中传播。

B. 攻击者编辑了智能合约,恢复了投资者的加密货币。

C. 攻击者控制了网络超过 51% 的计算能力。

D. 攻击者对网络进行了硬分叉并创建了新的区块链网络。

17. 区块链网络容易受到 51% 攻击。

哪种网络最容易诱发黑客攻击并破坏网络?

A. 比特币

B. Fabric

C. 公证通

D. 瑞波币

18. 区块链社群所面临的最大威胁之一是对微小差异的自恋情节。

这种对微小差异的自恋情节会产生什么结果?

A. 一个社群在小差异上取笑另一个社群,将导致更大的合作。

B. 社群关心并努力解决外部群体无法察觉的微小差异。

C. 社群已经开发了许多类似的项目,这些项目因微小的差异而互相争斗。

D. 社群变得更加紧密,并以协作的方式合作解决共同的问题。

19. 欺诈者如何使用庞氏骗局?

A. 欺诈者说服受害人为以后收到更值钱的东西而付钱。

B. 欺诈者找到投资者,然后抛售投资者的通证,使市场崩溃。

C. 欺诈者使用后续投资者的资金向初始投资者支付股息。

D. 欺诈者窃取信用卡并用其购买金钱、商品或财产。

20. 区块链网络的哪个特征同时起到保护作用?

A. 完全独立节点的数量越多,破坏区块链中数据的难度越大。

B. 区块链中矿工的数量越少,保护网络安全的动力就越高。

C. 区块链的控制权越集中,保护数据安全和避免欺诈的难度越大。

D. 工作量证明(PoW)算法越复杂,保护网络安全的奖励越多。

21. 如何在区块链中保护信息安全?

A. 利用封闭的对等（P2P）网络，跨平台共享信息

B. 通过网络进行矿工间的加密货币分配

C. 使用由公钥和私钥组成的非对称加密技术

D. 利用分布式账本技术（DLT），在源头记录交易。

22. **区块链以何种方式运用公众见证？**

A. 数字法院或图书馆充当公众见证，存储信息以供参考。

B. 区块链网络上的节点证明信息的准确性和真实性。

C. 一个人通过一个公共网络发送一个交易，作为公众见证可以获得奖励。

D. 可以选择一个首选节点来证明信息的准确性和真实性。

23. **区块链实现自我主权身份。**

区块链如何做到这一点？

A. 它使中心化的第三方能够提供易于使用和有效的身份信息。

B. 它使每个人都可以完全控制自己的金钱、财产和身份。

C. 它使政府能够轻松地颁发高级数字证书身份。

D. 它仅允许互联网公司提供世界一流的安全个人身份存储库。

24. **公有链鼓励用户挖掘区块并保护网络安全。**

这是什么激励？

A. 公有链允许用户创造通证并在二级市场上销售。

B. 公有链不提供奖励，因为它们是开源的。

C. 公有链为运行挖矿节点提供现金奖励。

D. 公有链以加密货币的形式提供挖矿奖励。

25. **一个组织机构想要开发基于区块链技术的智能合约。该组织机构不希望让员工承担维护区块链安全的负担。**

什么样的区块链技术最适合该组织？

A. 混合链

B. 私有链

C. 公有链

26. 超级账本网络的主要特点是什么？

A. 它是一个公有链网络，也是自 2009 年以来最古老的网络之一。

B. 它是私有、开源的，可运行个人的分布式账本技术（DLT）。

C. 它利用加密货币作为奖励机制，从而提高网络安全性。

D. 它利用权益证明（PoS）共识算法作为主要安全措施。

27. 智能合约的最佳使用案例是什么？

A. 使用人工智能（AI）将具有法律约束力的合同数字化和自动化

B. 使用加密货币在法律体系中强制执行合约

C. 通过保险合约中的预定行为或事件确保自动付款

D. 将最著名的智能合约平台，即比特币区块链扩展到司法制度

28. 在哪种情况下，智能合约是问题的最佳解决方案？

A. 一个酒保想通过把加密货币转移到他的钱包里来强迫顾客付饮料费。

B. 一位首席财务官希望她的智能手表在她的合作伙伴进入他们的前门时通知她。

C. 一个能源公司希望在价格达到预定费率时自动购买电力。

D. 一个保险公司希望在专案经理认为最佳的情况下向农民付款。

29. DApp 的用途是什么？

A. 在独立应用程序的前端使用业务逻辑执行智能合约

B. 仅管理加密货币，无须用到治理区块链的任何嵌入式投票系统

C. 在对等网络（P2P）上运行应用程序，将智能合约的运用范围扩展到简单的价值转移以外

D. 支持在多个公共云提供商上运行的应用程序，避免任何供应商锁定和欺诈

30. 去中心化自治组织（DAO）的作用是什么？

A. 通过在商定规则内进行协作和认可的行为来解决委托—代理困境

B. 使用公有链将当前的司法系统嵌入受监管的在线智能合约

C. 提供复杂的在线智能合约，无须绑定有形和无形的离线资产

D. 提供一个私有链合约平台，用户可以在该平台上运行其在线应用程序

31. 区块链技术如何能够最好地帮助保护身份数据安全？

A. 通过在用户服务器上提供安全数据存储来免除第三方介入

B. 将所有健康数据编码并保存在私有、非许可链中

C. 通过使用加密算法保护已在互联网上提交的数据

D. 提供个人数据信息而不披露能够证明其真实性的实际数据

32. 将区块链网络与物联网（IoT）结合的价值是什么？

A. 允许区块链用户跟随和访问自动驾驶汽车

B. 使用存储在区块链上的安全身份避免电子欺骗攻击

C. 启用可自行编程的软件，可无须人工干预解决问题

D. 使用超级账本 Fabric 挖矿解决昂贵而复杂的计算

33. 区块链技术实现了去中心化市场。

去中心化市场有什么好处？

A. 它基于开源技术，因此使用时无须任何投资。

B. 它无须付费的许可证就可以经营，因此可以得到更好的管理。

C. 因使用加密货币，它的成本相对较低，而且非常容易访问。

D. 由于智能合约，它具有防篡改功能，抗关闭能力，以及可信赖。

34. 区块链如何改善供应链？

A. 通过自动创建双方之间的贸易协议

B. 通过创建安全的集中化市场进行商品交易

C. 通过稳定相关国家的本国货币

D. 通过软件系统转移通证化所有权

35. 新加坡金融管理局（MAS）与区块链公司 R3 合作。

双方共同取得了什么成就？

A. 创建了智能合约和稳定币

B. 促进了银行间消息传递

C. 不受时区限制的首次跨行支付

D. 发布采用加密技术的电汇

36. 什么是法定数字货币？

A. 代表一个国家财政储备的货币的数字形式

B. 一种创建透明且无国界债务市场的电子货币

C. 一种无须银行账户即可进行交易的在线系统

37. 区块链技术如何使保险业受益？

A. 避免了国家主管部门的合规性要求，从而减少了开销

B. 确保了数据的准确性和实现小额保险自动化，从而降低了成本

C. 引入了客户支付灵活的保费，从而增加利润

D. 设置了数字付款方式，从而简化了理赔

38. 区块链技术如何帮助保护知识产权 (IP)？

A. 它允许用户将 IP 交易包括在智能合约中。

B. 它允许用户记录事件并建立时间线。

C. 它允许用户记录软件包的创建。

D. 它允许用户发送交易和获得 IP 所有权。

39. 哪一项属于政府积极促进区块链应用的案例？

A. 中国创建了一个监管沙盒，允许他们密切监控区块链挖矿中的实验，并创建各自的加密货币。

B. 爱沙尼亚提供电子居留权（e-Residency）软件，世界上任何有兴趣在网上和欧盟内部经营企业的人都可以使用。

C. 新加坡金融管理局 (MAS) 正在使用分布式账本技术 (DLT) 为银行间支付创造中央银行数字货币。

40. 为什么将区块链描述为可增加互联网信任度的技术？

A. 区块链允许个人和团体一起工作，而不必相互信任或建立权威。

B. 区块链创建两方或多方之间的虚拟专用网络（VPN）隧道，以进行在线转账。

C. 区块链提供了一种机制，使政府可以创建自己的法定数字货币

来代替实物货币。

D. 区块链提供了多因素身份验证，可以安全地创建和更新加密货币交易记录。

答案解析

1. 哪一项是公有链的优点？

A. 错误。以上说的是许可链节点的优点。许可链节点是指运用某些而非全部区块链技术的私有网络。大多数都未包含挖矿，也没有原生加密货币。因此，没有无利害关系的第三方。区块和交易由已知参与者处理。

B. 错误。联盟节点可以存在于公共和私有区块链中。公有链也可以在没有联盟的情况下存在。联盟是指系统，确切地说是系统的用户选择节点处理交易时的情况。

C. 正确。这是公有链的一个优势。公有链向世界上任何一个参与网络功能的人开放，只是受到接入互联网、硬件和电力的限制。（文献：A，第 1.1 节）

D. 错误。根据定义，公有链持有开放式许可证（例如 Apache 或 MIT 许可证）。不存在门控机制，无须向任何人征求许可，也没有许可费。

2. 什么是区块链？

A. 错误。区块链是一种去中心化的对等（P2P）分布式数据库，每个节点都包含所有交易的记录。

B. 错误。区块链由 P2P 分布式数据库组成。

C. 正确。区块链是一种带时间戳的 P2P 分布式数据库，存储了网络上发生的所有交易的记录。（文献：A，第 1.1 节）

D. 错误。区块链是具有所有交易历史记录的去中心化 P2P 分布式数据库。

3. 区块链网络中轻节点的功能是什么？

A. 错误。节点不一定存储网络上每笔交易的完整历史记录。这仅适用于全节点。

B. 错误。节点本身并不存储加密货币，但它存储包含所有交易记录的区块。

C. 正确。轻节点通过借用全节点的工作来验证交易。（文献：A，第 1.1 节）

4. 哪一项不属于节点的类别？

A. 错误。全节点需要所有新的交易记录。它们保留所有区块头。区块头能够识别一个唯一的区块并包含上一个区块的哈希。所有这些数据全部累计起来，会占用大量空间。

B. 错误。轻节点通过借用全节点的工作来验证交易。轻节点仅下载所有区块头，然后利用称为简单支付验证（SPV）的系统检查交易。

C. 正确。默克尔树根不属于节点的类别。它是一个哈希，允许混合链在网络受到攻击时恢复至最后一个已知的有效区块。（文献：A，第 1.1 节）

D. 错误。矿工是一种向新区块添加交易的节点。矿工通过相互竞争，并解决复杂的数学问题后，赢得新建一个完整区块的权利。每个矿工将答案写入区块头，如果正确，则会奖励加密货币。

5. 一种不记名票据可通过区块链网络在两方之间转移价值。

以上说的是哪一种票据？

A. 错误。DApp 是指在对等网络（P2P）而非单个系统上运行的应用程序。DApp 是由智能合约构建，但是使用其他服务（例如安全消息），并且通常允许无限数量的参与者在给定规则集中地进行交互。

B. 错误。哈希函数用于保护交易区块中所有数据的安全。哈希是一个数学过程的输出，该过程创建一串固定长度的数字和字母。

C. 错误。节点是连接到区块链网络的计算机。节点运行网络软件，通过跨网络将信息传输到其他节点，保持网络健康。

D. 正确。通证是一种不记名票据，可通过区块链网络在两方之间转移价值。（文献：A，第 1.1 节）

6. 公有链的主要特点是什么？

A. 错误。联盟链节点可以同时存在于公有链和私有链中。联盟是指系统，确切地说是系统的用户选择节点处理交易时的情况。

B. 正确。公有链允许任何人参与到网络中，只要可以接入互联网、硬件和电力。（文献：A，第 1.1 节）

C. 错误。混合链控制参与的主体以及允许每个节点操作的参与级别。

D. 错误。私有链仅允许可信方操作其区块链。

7. 哪一项属于密码学在区块链的应用案例？

A. 错误。即使使用私钥和公钥，密码学也不是用来访问混合链或私有链。

B. 错误。一些区块链网络用加密货币奖励挖矿节点。然而，这不是密码学所做的。

C. 错误。密码学有助于保护区块链，但不一定能免受 51% 攻击。

D. 正确。区块链技术运用的非对称加密允许发送者将加密货币转给接收者，其他人无法窃取。（文献：A，第 2.1 节）

8. 区块链如何利用私钥和公钥加密？

A. 正确。非对称加密允许任何人使用收件人的公钥加密消息，而加密的消息只能使用收件人的私钥读取。非对称加密允许发送方向接收方传送加密货币，而其他人无法窃取。这使得他们无须会面或交换信息就能做到这一点。只要发送方拥有接收方的公钥，就可以向其发送加密货币。（文献:A，第 2 章）

B. 错误。公钥加密使用两个密钥，一个公钥和一个私钥。希望向新地址发送加密货币的用户将使用他们的私钥在交易中签名，然后将其发送到公钥，即地址。然后，接收人将使用他们的私人密钥访问资金。

C. 错误。区块链不使用这种类型的加密，因为这种类型的加密只有一个密钥，用户必须碰面交换信息。

D. 错误。区块链只有加密货币的公开地址。私钥由所有者安全持有。

如果私钥丢失，可以使用密码短语来恢复私钥。

9. 混合链网络如何对抗 51% 攻击？

A. 错误。默克尔树根是一种保护混合网络的方法。混合链不需要中央控制器。

B. 错误。加密是任何类型区块链的通用安全功能，并不特定于混合网络。

C. 错误。激励机制对公有链有效，但对混合链无效。

D. 正确。混合链网络通过默克尔树根的哈希值进行安全保护，允许网络在损坏的情况下将自身恢复到其最后已知的有效区块。（文献：A，第 1.1 节）

10. 区块链如何像账本一样发挥作用？

A. 正确。区块链是分布广泛的公共账户，任何人都可以查看加密货币的持有人和币种以及该币的全部历史记录，可以找到每笔交易以及交易涉及的各方。（文献：A，第 2.1 节）

B. 错误。区块链是广泛的分布式账本，只储存数量有限的交易数据。因为它们是分布式的，所以大小是受限制的，共享和协调大量数据是不现实的。

C. 错误。钱包不保留私人账本。钱包从区块链收集余额数据。

11. 区块链网络中矿工的任务是什么？

A. 错误。中本聪希望通过引入区块链技术来避免单一的第三方。

B. 错误。矿工不负责区块链的准入访问。

C. 正确。矿工们通过努力计算随机数来竞争获得奖赏。（文献：A，第 1.1 节）

D. 错误。矿工不决定区块链中的规则。矿工在提前设定好规则的场景下作业。

12. 哪一项描述仅符合工作量证明（PoW）共识算法？

A. 错误。以上是权威证明（PoA）的定义。

B. 错误。以上是容量证明（PoC）和空间证明（PoSpace）的定义。

C. 错误。这就是超级账本 Fabric 的定义。

D. 错误。以上是权益证明（PoS）的定义。

E. 错误。以上是烧毁证明的定义。

F. 错误。以上是委托权益证明（DPoS）的定义。

G. 错误。以上是消逝时间证明（PoET）的定义。

H. 正确。以上正是 PoW 的定义。（文献：A，第 3.1 节）

13. 一种竞争性共识算法因区块链难以满足交易速度要求而开发。

以上说的是哪一种共识算法？

A. 错误。DPoS 是一项协作工作。验证交易的节点将获得同等的奖励。利益相关者为网络选举出验证交易和创建区块的见证人。

B. 错误。燃烧证明是一种非竞争性共识算法。

C. 正确。PoS 是一种竞争性共识算法。因为区块链难以满足交易速度要求，所以它被创建为 PoW 的替代品，PoS 节点不挖掘加密货币。用户可以将区块链中的一些加密货币存入定金。这笔定金允许用户对其行为"押注"：自己将会秉持诚信原则并遵循共识系统的规则进行交易处理。如果用户失信，将没收其加密货币。（文献：A，第 3.2 节）

D. 错误。PoW 是一种竞争性共识算法，区块链上的每个挖矿节点都在互相竞争从而确保其获得区块。它允许任何人参与任何级别的系统创建和维护，但竞争非常激烈。若节点希望具有竞争力并获得加密货币奖励，则需要运行专用设备。PoS 的创建是对 PoW 的替代，以满足较高的交易速度要求。

14. 哪一种共识算法最不节能？

A. 错误。DPoS 是一项协作工作，在该共识系统中，验证交易的节点将获得同等的奖励。它比较节能，挖矿时不耗电。

B. 错误。PoA 区块链具有协作共识算法。在此系统中，交易和区块由被授权的账户执行验证。验证人节点运行共识软件，允许其将交易输入区块。因为验证人数量有限，所以非常节能。

C. 错误。PoSpace 利用剩余内存，而非处理能力，来互相竞争来保护区块链安全。PoSpace 区块链可能是比其他区块链更公平、更节能的选择。它们可用于构建应用程序和转移价值。

D. 正确。从设计上讲，这种算法能耗大且成本高。获取比特币的费用和难度是通证经济学需要特意考虑的一部分。就像开采黄金一样，它既不便宜也不容易开采，比特币的获取难度和稀缺被认为是推动资产价值的一部分因素。(文献 :A，第 3.1 节)

15. 使用证明消逝时间证明（PoET）这种共识算法而不是工作量证明（PoW）有什么优点？

A. 错误。PoET 主要用于许可网络，因为节点需要自我标识。此外，PoET 摇号系统存在安全问题。

B. 错误。PoET 的交易成本确实较低，但原因并非硬件通用，因为 PoET 需要用到特定的硬件。

C. 错误。PoET 并不比 PoW 更安全，即使确实更安全，它也与时间戳无关，因为这种机制仅在节点已知的环境中起作用。

D. 正确。因为竞争的节点更少，所以 PoET 的速度更快。（文献：A，第 3.1 和 3.5 节）

16. 攻击者试图破坏区块链的交易历史，以便能够使用通证或加密货币两次。

攻击者最可能做的事情是什么？

A. 错误。其他节点将不接受此交易，因为它将创建比现有链短的侧链。攻击者对一个节点没有足够的挖掘能力，无法创建较长的链。

B. 错误。智能合约不太可能被黑客入侵，因为攻击者试图消费两次相同的通证。

C. 正确。这是以太坊经典网络受到攻击时发生的情况。攻击者是一个糟糕的矿工，并回滚了交易历史。攻击者通过控制超过 51% 的网络计算能力来实现这一点。（文献：A，第 10.1 节）

D. 错误。网络未发生硬分叉，因为网络的协议未被大幅修改。

17. 区块链网络容易受到 51% 攻击。

哪种网络最容易诱发黑客攻击并破坏网络？

A. 正确。矿工必须利用他们的计算能力和电力来产生比特币等新的加密货币。如果一个网络变得过于集中，不道德的矿工就可以肆无忌惮地破坏网络。这种特殊类型的漏洞称为 51% 攻击。51% 是为许多区块链创建临界点的数字。如果独立节点较少，则网络将回滚。（文献：A，第 10.1 节）

B. 错误。超级账本 Fabric 没有加密货币。由于没有什么东西可以窃取，黑客们就没有动力去破坏网络。

C. 错误。公证通不挖矿，但有一个本地加密货币公证币（Factoids）。联盟节点被奖励公证币。节点可以向市场上那些希望使用公证通区块链的人销售公证币。一种锚定技术将被用来以哈希的形式对这个区块链进行快照，并每隔 10 分钟将其存储在大型网络（如比特币）中。如果一个攻击者控制了 51% 的网络，他不能改变历史。这种攻击将被检测到，并且 49% 的网络可以将区块链分叉，以重新获得控制权。

D. 错误。比特币不需要用户信任或认识网络上的其他个人，而瑞波币的整个基础架构需要各方在某种程度上相互信任和认识。金融市场主体必须信任其所持有资产的发行者，而节点运营商必须相信，其验证人列表中的其他节点不会共谋，阻止有效交易被确认。由于建立了信任和一致的合作激励机制，这一网络不太可能遭受 51% 攻击。

18. 区块链社群所面临的最大威胁之一是对微小差异的自恋情节。

这种对微小差异的自恋情节会产生什么结果？

A. 错误。各个社群之间没有合作。社群中的裂痕一直延伸到代码，这使得社群一再分裂。

B. 错误。社群间更容易互相讥讽和嘲笑，对小事情变得高度敏感。

C. 正确。领域毗邻、关系密切的社群间更容易发生争执。（文献：A，第 10.2 节）

D. 错误。情况正好相反。社群间更容易互相讥讽和嘲笑，而不会加强协作。

19. 欺诈者如何使用庞氏骗局？

A. 错误。这是一个预付费的骗局。

B. 错误。这是一个操纵市场的骗局

C. 正确。在老派的庞氏骗局中，欺诈者使用后续投资者的资金向初始投资者支付股息。（文献：A，第 10.3 节）

D. 错误。以上说的是身份盗用和信用卡欺诈。

20. 区块链网络的哪个特征同时起到保护作用？

A. 正确。节点高分散性是区块链中的主要安全保障之一。（文献：A，第 1.1 节）

B. 错误。矿工的动力不是区块链的安全性。

C. 错误。中央控制器可以通过只与受信任节点工作来使区块链更加安全。

D. 错误。PoW 的复杂性对区块链的安全性没有贡献。

21. 如何在区块链中保护信息安全？

A. 错误。P2P 是使用的网络类型，它本身并不是安全措施。

B. 错误。加密货币是交换的价值，它并非一种安全工具。

C. 正确。非对称加密技术允许任何人使用公钥进行消息加密，而加密的消息只能使用正确的私钥进行读取。（文献：A，第 2.1 节）

D. 错误。DLT 是区块链的综合技术，它本身并不是安全措施。

22. 区块链以何种方式运用公众见证？

A. 错误。区块链实质上是一个数字档案馆，但它们不需要一个单独的数字法院或图书馆来充当公正见证。这是节点的作用。

B. 正确。区块链网络上的每个节点都在见证着信息。所有节点都会在以后的某个日期证明其准确性和真实性，就像法院、图书馆和档案馆是人们储存信息的地方，以便在另一个时间点进行参考一样。（文献：A，第 2.4 节）

C. 错误。节点充当公众见证而非个人。节点作为公众见证并不总是获得奖励。

D. 错误。区块链网络上的每个节点都在见证信息，而不仅仅是首选节点。

23. 区块链实现自我主权身份。

区块链如何做到这一点？

A. 错误。集中式系统可能被破坏，文件可能被伪造或更改，这使得身份验证变得困难。2018 年，脸书因向第三方剑桥分析公司分享了 8700 多万用户的个人数据而登上了新闻头条。这些信息被用来操纵个人的行为。使用的方便性和易用性已经损害了许多人的身份和财务信息。

B. 正确。区块链技术允许了自我所有权概念的转变。它点燃了围绕每个人对自己的金钱、财产和身份的专属控制权的道德和自然权利的社会运动的新生命。（文献：A，第 6.1 节）

C. 错误。自我主权的身份是由个人而不是第三方来管理的。一个人可以证明自己，而不是依靠第三方来验证和证实他的证件。

D. 错误。只有一小部分公司能够控制网站安全证书的颁发以及管理和培养在线身份。这种中心化使得大量的个人数据存放在集中的服务器上，供每个使用互联网的人使用。这些服务器可以而且确实会受到黑客攻击。

24. 公有链鼓励用户挖掘区块并保护网络安全。

这是什么激励？

A. 错误。矿工通常直接赚取加密货币。

B. 错误。尽管公有链是基于开放式许可证且是开源的，但公有链仍然提供挖矿奖励。

C. 错误。矿工收获的是加密货币，而不是常规货币。

D. 正确。公有链通常将加密货币作为挖矿的奖励。（文献：A，第 1.1 节）

25. 一个组织机构想要开发基于区块链技术的智能合约。该组织机构不

希望让员工承担维护区块链安全的负担。

什么样的区块链技术最适合该组织？

A. 错误。在混合链中可以控制每个节点的参与级别。如果该组织不希望利用员工保护区块链安全，那么混合链不是最佳选择。

B. 错误。私有区块链更像是信任网络。网络的成员是已知的，合同可以更改。与基于纸面的业务流程相比，它们提供了改进，但它们没有公共网络那样的不可改变性或可执行性。

C. 正确。公有链最大限度地降低更改区块链中智能合约的可能性。公有链的安全不依赖于少数员工，因此符合该组织的期望。（文献：A，第 1 章和第 10.1 节）

26. 超级账本网络的主要特点是什么？

A. 错误。超级账本不是公有链网络，它是由 Linux 基金会于 2015 年建立的。

B. 正确。超级账本是一个私有但开源的网络，因此可以帮助人们建立自己的 DLT。（文献：A，第 4.4 节）

C. 错误。超级账本并不将加密货币机制用作奖励和用于保证安全性。

D. 错误。超级账本不使用 PoS 共识算法。

27. 智能合约的最佳使用案例是什么？

A. 错误。智能合约由开发人员创建，并通过布尔逻辑、数学和加密来强制执行。另一方面，具有法律约束力的合同是由律师创建并由司法系统执行的。大多数智能合约没有法律约束力。AI 和智能合约可以一起使用，但这不是最好的用例。

B. 错误。法律合同由司法系统强制执行；它们与智能合同没有相同的限制。如果违反了向某人付款的法院命令，即使是在民事诉讼中，也有可能被控藐视法庭罪并坐牢，或者资金可以自动从账户中取出。法律更加灵活，软件更加死板。法律和合同是由有法律选择权的人来解释的。代码通常只有一种解释方式，如果它执行时发生意外，则意味着存在需要修复的错误。

C. 正确。农业智能合约可以确保自动支付保险金。如果气温下降损坏了庄稼，农民将得到赔偿。（文献：A，第5.1节）

D. 错误。比特币区块链的智能合约鲜为人知，但最初提出比特币网络的白皮书暗示了它们的创建。比特币上的智能合约使用的是所谓的"操作码"（opcode），这是彼得·托德（Peter Todd）在比特币改进建议（BIP）65中引入的。

28. 在哪种情况下，智能合约是问题的最佳解决方案?

A. 错误。在这种情况下，智能合约不会有用。智能合约不会强迫另一方释放资金。

B. 错误。智能合约是两方或多方之间的合约。在这种情况下，没有第二方，因此智能合约不是最好的解决方案。

C. 正确。这正是智能合约起作用的一个很好的案例。（文献：A，第5.1节）

D. 错误。智能合约由预先确定的事件触发。公司的付款意愿并不是使用智能合约的最佳方式，因为这不会自动触发代码。

29.DApp 的用途是什么?

A. 错误。智能合约是后台，通常只占DApp的一小部分。

B. 错误。DApp按照功能分为三大类：1）管理财务的DApp；2）利用财务但出于其他目的（例如，游戏）而构建的DApp；3）管理用App，例如投票系统。管理应用程序称为"去中心化自治组织"，通常简称为DAO。

C. 正确。DApp将智能合约的运用范围不局限于简单的A到B之间的价值转移。DApp由智能合约构建，但是使用其他服务（例如安全消息），并且通常允许无限数量的参与者在给定规则集中地进行交互。（文献：A，第5.3节）

D. 错误。DApp是指在P2P网络而非单个系统上运行的应用程序。DApp可以是工具、程序、游戏以及其他可以直接连接用户与提供商的应用。

30. 去中心化自治组织（DAO）的作用是什么？

A. 正确。创建 DAO 概念是为了解决经济学中所谓的"委托代理问题"。委托代理问题是指，当一个"代理人"可代表另一个代理人做出决定，但会受到其自身利益的影响的时候出现的两难困境。"代理人"可选择冒更大的风险，因为他实际上并不承担风险相应的成本。（文献：A，第 5.4 节）

B. 错误。DAO 的代码和功能无法免除个人遵守法律法规的责任。

C. 错误。DAO 通过其智能合约中编码的规则运行。它们完全在线工作，但可以管理离线资产，例如房地产或自然资源。

D. 错误。所有公有链都属于 DAO。其中包括比特币、以太坊、Factom 等。DAO 不仅是公共网络，它们可用于管理各种类型的人类组织，例如公司、投资资金，甚至政府。

31. 区块链技术如何能够最好地帮助保护身份数据安全？

A. 错误。在用户服务器使用区块链根本没有意义。区块链应该是一个分布式账本。

B. 错误。在非许可链上对个人数据进行编码毫无意义，因为非许可链的安全性不足。

C. 错误。保护已在互联网上提交的信息毫无意义，因为该信息可能已遭破坏。

D. 正确。提供信息而不披露实际数据是区块链的重要功能之一。（文献：A，第 6.1 节）

32. 将区块链网络与物联网（IoT）结合的价值是什么？

A. 错误。这将会造成危险境地，自动驾驶汽车容易受到电子欺骗攻击或黑客攻击。有许多公司正在开发利用区块链保护 IoT 设备的技术。

B. 正确。IoT 可以利用区块链安全身份防止电子欺骗攻击，以免恶意方冒充另一台设备发起攻击，从而窃取数据或引起某种混乱。（文献：A，第 6.3 节）

C. 错误。这是区块链网络与人工智能（AI）结合的价值。

D. 错误。超级账本 Fabric 中不存在挖矿。矩阵 AI 提供了一种解决方案，可以轻松地将机器学习与智能合约相结合。该平台修改了智能合约的执行方式，并提高了智能合约的速度、灵活性、便捷性和安全性。矩阵利用其挖矿算力解决昂贵、复杂的 AI 计算。

33. 区块链技术实现了去中心化市场。

去中心化市场有什么好处？

A. 错误。使用开源技术不能确定是否需要投资。此外，并非所有的区块链都基于开源代码。

B. 错误。获得付费许可证不能决定产品的管理好坏。

C. 错误。去中心化市场的成本不一定低于其他市场。

D. 正确。区块链可确保每个人都是自己所表述的身份，无须第三方即可保证价值转移的安全。（文献：A，第 6.5 节）

34. 区块链如何改善供应链？

A. 错误。贸易协议可编程为智能合约，但是区块链无法创建贸易协议。

B. 错误。区块链可以帮助加强去中心化市场的安全性，但根本无法帮助创建集中化市场。

C. 错误。区块链无助于稳定本国货币。

D. 正确。区块链可以仅通过软件系统转移价值或通证化所有权。（文献：A，第 7.1 节）

35. 新加坡金融管理局（MAS）与区块链公司 R3 合作。

双方共同取得了什么成就？

A. 错误。Everex 参与了智能合约和稳定币的开发，以支持商业和中央银行的数字货币计划。

B. 错误。环球银行金融电信协会（SWIFT）的全球网络已成为负责大多数国际支付的实体。尽管该网络不转移资金，但其促进了银行间的消息传输，有效地允许银行进行直接通信，从而简化了国际汇款流程。

C. 正确。MAS 与区块链公司 R3 合作，2016 年利用区块链技术进行了首次跨行支付。该项目表明，银行可以全天候交易和结算，不再受时区和营业时间的限制。（文献：A，第 7.2 节）

D. 错误。西联汇款（Western Union）成立后发布了电汇。此过程通过电报网络，实现个人或实体间的电子资金转账，有效地帮助在境内和跨境转移资金。西联汇款仍处理全球大部分个人汇款。

36. 什么是法定数字货币?

A. 正确。法定数字货币是指特定国家货币的数字形式，由本国货币主管机构发行和监管。（文献：A，第 8.1 节）

B. 错误。法定数字货币与债务市场无关。

C. 错误。法定数字货币仅适用于持有银行账户的人。它针对的是国际收支余额，而非个人交易。

37. 区块链技术如何使保险业受益?

A. 错误。区块链活动必须遵守法律法规。

B. 正确。区块链技术使保险公司能够为现有的客户提供更多价值。（文献：A，第 8.3 节）

C. 错误。区块链并未定义客户保费。

D. 错误。区块链并未定义向保险公司付款的方式。

38. 区块链技术如何帮助保护知识产权 (IP)?

A. 错误。智能合约充当两方或多方之间的在线合约。智能合约是数字协议或者控制 IP 访问的规则集。

B. 正确。IP 的基础是公平的概念，"谁在什么时候做了什么"，第一个做了某事的人应有权享有相关工作的商业利益。利用区块链可以确定某个事物在给定时间点内存在，第三方可以对该信息进行验证。（文献：A，第 8.4 节）

C. 错误。区块链技术用于记录有关 IP 创建的事件。

D. 错误。仅发送交易不可能确立 IP 所有权。

39. 哪一项属于政府积极促进区块链应用的案例？

A. 错误。中国没有自己的加密货币。

B. 错误。爱沙尼亚为在线服务推出了数字身份证，并作为第一个提供电子居留权的国家提供了公民身份服务。他们创造了一个数字身份，世界上任何有兴趣在网上和通过欧盟经营企业的人都可以使用。然而，电子居留权并不是分布式的软件。它也不仅仅是在推广区块链技术。

C. 正确。MAS 正在使用分布式账本技术创建中央银行数字货币。该项目的第一阶段始于 2016 年，他们证明了使用中央银行发行的等同于新加坡元（SGD）的通证进行国内银行间支付的能力。（文献：A，第 9.2 节）

40. 为什么将区块链描述为可增加互联网信任度的技术？

A. 正确。区块链允许个人、政府和企业以公平和开放的方式合作，不需要先建立信任、所有权和权威。（文献：A，第 9.4 节）

B. 错误。VPN 不是区块链技术的应用。

C. 错误。法定数字货币是区块链技术的应用之一。

D. 错误。区块链技术利用加密哈希函数提供了不可篡改的特性。

试题评分

如下表格为本套样题的正确答案，供参考使用。

题目	答案	题目	答案
1	C	21	C
2	C	22	B
3	C	23	B
4	C	24	D
5	D	25	C
6	B	26	B
7	D	27	C
8	A	28	C
9	D	29	C
10	A	30	A
11	C	31	D
12	H	32	B
13	C	33	D
14	D	34	D
15	D	35	C
16	C	36	A
17	A	37	B
18	C	38	B
19	C	39	C
20	A	40	A

EXIN

Driving Professional Growth

EXIN 微信公众号：EXINCH

www.exinchina.cn